名·人·堂

贝多芬传

BEETHOVEN

李娟——编著

时事出版社
·北京·

图书在版编目（CIP）数据

贝多芬传 / 李娟编著 .—北京：时事出版社，2019.2
ISBN 978-7-5195-0271-3

Ⅰ . ①贝… Ⅱ . ①李… Ⅲ . ①贝多芬（Beethoven，Iudwing Van 1770–1827）– 传记 Ⅳ . ① K835.165.76

中国版本图书馆 CIP 数据核字（2018）第 248352 号

出 版 发 行：时事出版社
地　　　址：北京市海淀区万寿寺甲 2 号
邮　　　编：100081
发 行 热 线：（010）88547590　88547591
读者服务部：（010）88547595
传　　　真：（010）88547592
电 子 邮 箱：shishichubanshe@sina.com
网　　　址：www.shishishe.com
印　　　刷：三河市华润印刷有限公司

开本：670 × 960　1/16　印张：16　字数：180 千字
2019 年 2 月第 1 版　2019 年 2 月第 1 次印刷
定价：42.00 元
（如有印装质量问题，请与本社发行部联系调换）

写在前面的话

贝多芬生平

路德维希·凡·贝多芬（Ludwig van Beethoven，1770—1827年），祖籍荷兰，出生于德国波恩，欧洲古典主义时期作曲家，维也纳古典乐派代表人物之一。

贝多芬的童年并不幸福，穷困的生活甚至剥夺了他上学的权利，而自幼表现出的音乐天赋，使他的父亲产生了要将他培养成音乐神童的愿望，让贝多芬成为自己的摇钱树。

他不惜打骂贝多芬，用极其严苛的教育方式逼迫贝多芬从4岁开始就整日没完没了地学习钢琴和小提琴，这些经历也造就了他一生倔强、偏执、敏感、易激动的性格。

8岁时，贝多芬首次登台（他的年龄一直被少报了两岁。正文会对此有所解释），获得巨大的成功，被认为是莫扎特之后最伟大的音乐天才，被世人称为“第二莫扎特”。声名渐起后，经过一些贵族的引荐，他开始拜师学习作曲。

11岁创作发表了他人生中的第一部作品《钢琴变奏曲》。13岁参加宫廷乐队，开始担任风琴师和古钢琴师的职位。17岁时，到维也纳跟随莫扎特、海顿等当时的音乐名家进行学习。

就在前途看起来一片光明时，贝多芬人生中最可怕的事情发生了，并终生受其折磨：他发现自己的耳朵聋了。在接下来的人生中，因为耳疾和其他病痛的影响，他的人生非常曲折与不幸。他总是交替地经历着希望和失望、热情和打击。

1823年，贝多芬完成了他人生中的最后一部巨作《第九交响曲》，在他看来，这部作品所呈现的世界就是他理想中的世界。

此后，他的身体状况每况愈下。

1827年3月26日，贝多芬终于咽下最后一口气，与世长辞。据最后陪伴在他身边的人描述，在他临终前，本来晴朗的天气突然雷声隆隆，风雪交加，似乎连上天都在为这位伟大音乐家的离世而哀痛不已！

贝多芬的葬礼非常隆重，有至少2万人跟随灵柩，为他送行。他的遗体葬于圣麦斯公墓。

他终生未婚。

成就与贡献

贝多芬一生饱受苦难，经历了数不清的坎坷。他26岁时听力开始衰退，而且一直呈不可逆的态势发展，到了晚年，完全失聪。对于一个以音乐为生的人来说，这是多么残酷的一件事。

到了晚年，他只能通过谈话册与人交谈。

即便生活如此孤寂和苦难重重，他并没有因此而沉寂或者隐退。在当时那个年代，几乎一切进步的思想都遭到禁止，他却一直坚守“自由、平等、博爱”的政治信念，用一种坚韧的方式，通过言论和作品，为共和的理想振臂呐喊，反映了当时资产阶级反封建、争民主的革命热情，并为此写下了不朽的传世名作《第九交响曲》。

贝多芬的作品深受18世纪启蒙运动和德国狂飙突进运动的影响，较前人有了很大的发展，个性鲜明、气势恢宏。

在音乐表现上，他几乎涉及了当时所有的音乐体裁。

在钢琴领域，他最伟大的成就在于他极大地提高了钢琴的表现力，使之获得交响性的戏剧效果；同时又使交响曲这种音乐形式成为直接反映社会变革的重要载体。

贝多芬先生只在人间停留了56年，但短暂的一生却完成了100多部伟大的作品。主要代表作品有交响曲9部，其中以第三交响曲《英雄》、第五交响曲《命运》、第六交响曲《田园》、第九交响曲《合唱》最为著名；管弦乐几十首，其中《艾格蒙特》序曲最为著名，包括钢琴协奏曲 5 首，小提琴协奏曲 1 首，其他协奏曲 5 首，钢琴奏鸣曲 32 首，其中《月光》《热情》《悲怆》《黎明》《暴风雨》等最为著名，并传颂至今；此外还有室内乐 80 首，歌剧 1 部，另有神剧 1 部，弥撒曲 2 首等等。

1792 年贝多芬到音乐之都维也纳深造，艺术上进步飞快。

他一生所作的 9 部交响曲全部都在维也纳举行了首演。

1805 年，他唯一的一部歌剧创作《费德里奥》在维也纳的国家歌剧院举行了首演，这部歌剧产生了轰动性的效果。

贝多芬被认为是有史以来最伟大的交响曲作家。他的《英雄》交响曲热情澎湃，充满了激情。他取材于德国诗人席勒的《欢乐颂》而制作的第九交响曲《合唱》，如今已经成为欧盟的盟歌。

他崇尚英雄，信仰共和，为此创作了大量充满时代气息的优秀作品，如交响曲《英雄》《命运》，序曲《艾格蒙特》，钢琴曲《悲怆》《月光》《暴风雨》《热情》等。

他对古典音乐非常精通，在浪漫主义音乐的道路上也另辟蹊径，并取得了非凡的成就，他被后人尊称为“乐圣”，对世界音乐的发展有着举足轻重的作用。

他是最后一位维也纳古典乐派代表人物之一，与海顿、莫扎特一起被后人称为“维也纳三杰”。

他是德国乃至世界最伟大的音乐家之一。

缺陷与挣扎

贝多芬是一个伟人。他与无穷的苦难做斗争，他在极度的困境中，奋力扼住命运的咽喉，这种勇气和坚韧足以激励每一个人。

然而，作为个体来说，他却有着非常明显的局限和缺陷，正如他艺术创作中的主要特征是对比和冲突一样，他性情古怪，他的人生也因此充满了各种矛盾和冲突。

这些冲突和矛盾在不同时期可能有不同的原因，有来自社交生活的，来自私生活的，来自精神方面和政治原因方面的。但究其结果，有两样东西却让他终生深受折磨：健康问题和孤独。

关于健康问题，在后面的正文中有较多描述，这里重点说说他的孤独。

他的孤独可以说完全由他自己造成的，他经常逃离赞助人的宅邸，不停地换房子、租房子，希望可以清静地写曲子。在治家理财方面也毫无智慧，他的一生至少搬了 80 次家，因为账务上的混乱和对他人的不信任，有一次他甚至同时付了四个地方的房租。贝多芬十分粗心又十分懒散，几乎没有生活自理能力，他住在脏得冒烟的环境里。

贝多芬终生未婚，却有不少情人。但他对于女人的爱都无法长久，有时甚至显得自私。

他成名之后，生活中一直有仆人跟随。但因为他苛刻的性格，仆人也很难长久陪伴，他总是在不停地换仆人。

对于和客户生意上的往来，贝多芬会违背诺言，甚至做出一些违背职业道德的事情。比如就同一部曲子，与多个出版社签订合约，从多个出版社抽取定金。但是事情一旦败露，他又急于推卸责任。

他对人生有种种渴望。对金钱，他有偏执的渴望。然而，在他所有的渴望中，最执着的莫过于对一个男孩的执着。

事情真相也许令人悲伤：贝多芬只是想要一个儿子，能冠以自己的名字并继承自己的财产。

争夺侄子的诉讼持续了五年之久，而这里面所呈现出来的绝大部分丑陋来源于贝多芬势在必得的决心，他并不关心对他的侄子所造成的伤害，也不顾对这个男孩茫然无措的母亲带来了多大的痛苦。

最终他胜利了，这种偏执的争夺，实际上是他的精神和灵魂极度孤独的一种体现。

伟大的意义

从留存于世的很多书信上和当时的一些文字记载来看，贝多芬贪婪、爱撒谎、喜欢操纵别人。对与他交往的人，他总是怀疑其动机，甚至到了妄想偏执的地步。但是现实生活中的他也有完全相反的一面：他有时会很慷慨，具有康德式的道德感，还有令人捧腹的幽默感……几乎所有认识他的人，喜欢欣赏他的、不喜欢乃至讨厌他的，几乎得出了同一结论：贝多芬是一个“超人”，他具有超人所具有的属性——过人的才华，充沛的活力，无时不在的攻击性——却几乎没有时间去发泄出来。

然而，即便有种种缺陷和各种看起来自私的行为，但因其音乐上的巨大声望和成就，贝多芬从来都不缺少追随者和推手。就他天生的才华而言，贝多芬一生的成果是惊人的、是伟大的。

我们在追寻贝多芬的成长历程时会发现，他一生中所表现出的勤苦奋斗和顽强拼搏精神，令人感动和敬佩。

崇拜伟人、模仿英雄是每个人的天性。著名学者培根曾说过："用伟大人物的事迹激励我们每个人，远胜于一切教育。"

这也是我们编写此书的目的。

在20世纪30年代，中国著名的翻译家傅雷先生第一次读到罗曼·罗兰所著的《贝多芬传》时，几乎泪流满面。他曾经这样总结贝多芬带给自己的启示：

唯有真实的苦难，才能驱除罗曼蒂克的幻想的苦难；唯有看到克服苦难的壮烈的悲剧，才能帮助我们担受残酷的命运。

不经过战斗的舍弃是虚伪的，不经劫难磨炼的超脱是轻佻的，逃避现实的明哲是卑怯的。

愿本书也能给您带来这种启示。

为了还原一个最真实客观的贝多芬，在写作过程中，我们查阅参考了以下书目：

《贝多芬文集》（哈佛大学出版社1988年版）；

《晚年贝多芬：音乐、思考和想象》（加利福尼亚大学出版社2004年版）；

《贝多芬简编》（泰晤士与哈德孙出版社1991年版）；

《贝多芬》（牛津大学出版社2000年版）；

《贝多芬：最后的十年，1817—1827》（牛津大学出版社1970年版）；

《贝多芬传》（埃德蒙·莫里斯著，王维译，译林出版社2014年版）；

《贝多芬传》（罗曼·罗兰著，傅雷译，华文出版社2013年版）。

希望我们的努力，所展现给读者的不仅是一个高高在上的音乐大师贝多芬，更是一个作为普通人的贝多芬。在这部传记中，我们更关注的是伟人那些不为人注意的一些特点，一个鲜活的、充满生命力、经历生活种种磨难的贝多芬。他让人感动，让人唏嘘，让人敬佩，最终让人铭记。

目录

Contents

第一章　童年时代

英国剧作家伊妮德·巴格诺尔德曾经向一名女权主义者问道：如果一位二十三岁的家庭主妇已经失去过四个孩子，这时她发现自己又怀孕了，而她的丈夫对她的态度也不好，还酗酒成瘾。这位主妇应该怎么办呢？

女权主义者当即回答："我会尽力劝说她流产，停止怀孕。"

"那样的话，"巴格诺尔德女士说，"这种做法也会杀死贝多芬。"

但巴格诺尔德女士描述的情况与小路德维希·凡·贝多芬出生时的事实并不完全一致。在贝多芬出生之前，他的母亲曾有两个孩子都已夭折，其中一个是她与前任的丈夫所生；而且没有证据能够证明，她的丈夫约翰·凡·贝多芬有过虐待妻子的记录。不过，约翰确实是一位残忍的父亲，波恩法庭还曾经为他的酗酒做过笔录。他是一名歌手，为科隆选帝侯工作并拿着工资，也是乐长路德维希·凡·贝多芬的儿子和财产继承人，却长期缺钱。而老乐长是一位退休的音乐大师，家境富裕，居住在莱茵街的六居室公寓，家里有发光的银器和精美的水晶。

贝多芬的母亲玛丽亚·马达琳娜·凡·贝多芬还有两个儿子活下来了，名字分别叫卡斯帕·卡尔和尼古拉斯·约翰。后来她还生下了一个儿子和两个女儿，却在出生后不久就相继夭折。最后一次生产令她变得精神抑郁、身体虚弱，这也导致了她在四十岁时，就心力交瘁去世了。在贝多芬家族的照片剪贴簿上，她在那些色彩浓厚而健壮的男性形象中间，就像褪色的水彩画一样，她身材柔弱，目光真诚，品德高尚又温文有礼。

贝多芬生于1770年12月16日左右，出生日期并不准确，地点在波恩城的波恩巷515号。当时的天主教教区要求，新生儿必须在出生后的二十四小时之内到教堂接受洗礼，而贝多芬洗礼时间就记录在圣雷米吉乌斯教堂是12月17日。记录的条目用拉丁语写成，名字叫作“卢多维克斯”——也就是德语名字的拉丁语教名；贝多芬长大后知道了这个名字背后的意义，很喜欢这个庄重的名字。

贝多芬的爷爷老路德维希资助了他的洗礼仪式——这让贝多芬不仅仅是波恩地区最有名的音乐家老路德维希的孙子，也同时是他的教子。那双黑色的眼睛在洗礼盘的上方望着他，多年之后，也将在他躺在床上进入弥留之际时望着他——在油画里炯炯有神地望着他。

乐长老路德维希与儿子约翰恰好相反，他很成功，为选帝侯工作了四十二年，宫廷地位非常稳固，深受大家的欢迎。他是歌剧和弥撒曲的音乐指挥，也是一个十分精明的生意人。他一直到老年都有一副唱低音的好嗓音，甚至比儿子唱得还要好。但令人奇怪的是，他拥有这样高的地位，却不是一名作曲家。1773 年的平安夜，他就去世了，只在贝多芬的回忆中留下一个模糊的影子。老人的表情总是很和善，帽子向后面翻着，这种模模糊糊的形象总是飘浮在那里，有时候很遥远，有时候又很接近。这些情景，究竟是贝多芬小时候的回忆，还是贝多芬长大之后看了爷爷的油画，在脑海中补充出来的想象呢？无人知晓。

对贝多芬的这个疑问并非是毫不相干的猜测，对此不仅仅是因为贝多芬执意说他对老路德维希的回忆非常生动，更奇怪的是，贝多芬认为自己比登记的时间要晚出生两年。波恩的市长出于对贝多芬的尊重，找了官方对出生时间记录的副本给他看，贝多芬仍然否认了 1770 年的说法，并在记录的背面，不工整地写上 1772 年。贝多芬对朋友们也坚持这一说法，他说："在我出生之前，有个哥哥，他的名字也叫'路德维希'……但他后来不幸夭折了。"

贝多芬在这件事上的说法是有一定依据的，父母确实曾经给一个孩子在教堂施行洗礼、孩子夭折后送葬，给孩子起的名字也是路德维希，那是发生在 1769 年 4 月的事情。德国确实有这么一个普遍的风俗，如果一个孩子夭折了，他的名字会传给下一个孩子。贝多芬不擅长记住准确的日期，而且他的父亲以“神童”的名号包装贝多芬，给他少算了一岁，使人更弄不清楚了。不过，如果他作为成熟的作曲家考虑一下，应该可以感觉得到，假如他出生于1772年，爷爷一年后就去世了，他不可能对爷爷还有这么栩栩如生的回忆。

贝多芬认准这个不符合常理的结论，却让弗洛伊德理论的研究者深感兴趣，他们推测，贝多芬的这些言论恰恰是不承认自己是正常婚生子的资料，因为有流言说他是腓特烈大帝的私生子，贝多芬对这个传言十分受用。这个说法伴随了贝多芬的一生，但这是无稽之谈。因为在1772年，腓特烈大帝的注意力在波兰，不可能是波恩的一个平庸的家庭妇女。不过，贝多芬也从来没有公开否认过这个传言。

贝多芬是否存在这种“假装是贵族的感觉”，容后再议，但至此可以肯定，即他不希望有约翰·凡·贝多芬这样的父亲，他的榜样也不是别人，而是自己的爷爷。尽管以后的小路德维希·凡·贝多芬的名声如此之大，早已经掩盖了老路德维希·凡·贝多芬，贝多芬还是说：“我那杰出的祖父，我跟他是如此的相似。”

贝多芬小时候，波恩是一座小城市，城市的四周是城墙，在科隆逆着河流的方向十五英里的地方，界限很清楚。这座城市的街道是黑色的，像岩浆一样，而墙壁刷的是几乎差不多的白色，形成了鲜明的明暗对比。即使是选帝侯的宫殿，外表也是白色的，在夏天显得十分显眼，到了冬天则给人冷冰冰的感觉。市中心的大厅是刷了金的颜色，给集市广场增加了一抹亮色。除此之外，城市的其他地方都被普普通通的灰色泥墙填满了。古老的石头砌的大教堂例外，这属于少数没有被粉刷的建筑。大教堂经历了五个世纪，巨大的尖塔在莱茵河上投下倒影，在河流银色的波浪中闪烁不定。还有更加古老的建筑遗迹，那是城市周围的古罗马遗址。贝多芬探索着波恩黑色的街道，聆听着教堂传来的阵阵钟声，间或有天主教的格里高利圣咏音乐，感受着这些遥远的历史，这感觉是那么真实，仿佛可以触摸。

贝多芬当时所处的国家，情况比较复杂。一开始，他对世界的感知，仅限于家里房子那么大，父亲约翰在波恩的巷子里租了一间带有后院的小公寓，仅此而已。不久之后，他发现了父母口中的“德意志”更像是一个概念，其实不算个国家，只不过这个区域的语言是一致的。这个区域包含了奥地利，以及其他三百来个讲德语的王国、公国、选帝侯领地，以及一些小的封地。如果不考虑宗教因素，仅仅从政治上来讲，奥地利仍然属于马克西米利安一世的“德意志民族神圣罗马帝国”。不过，这里事实上距离罗马已经非常遥远，这里的权力中心维也纳开始了反封建的改革，使其越来越松散，几乎处于分裂的状态。

在这个选区回响着“维也纳”的名字，路德维希一开始就有非常深刻的印象，在他的心目中，维也纳永远是德意志的精神、政治、音乐中心。在遥远的首都中，同时有两位支持开明专制的君主，他们是玛丽亚·特蕾西亚女王与和她的儿子约瑟夫二世，二人共同执政，分别统治着奥匈帝国和神圣罗马帝国。考虑到老女王的身体状况，约瑟夫早晚都会继承所有的权力。他被选为神圣罗马帝国的皇帝，选帝团中包含了贵族和教会两方面的势力，直接对教皇负责。奥地利之外的民间组织或教会组织选出选帝侯，其中一位选帝侯就是科隆的大主教。

贝多芬小时候，他的父亲和祖父一起为君主工作，而这位被服侍的人，则被大家认为一半是王侯，一半是牧师。大主教马克西米利安·弗里德里希将近七十岁高龄，个头不高，性情温和，对于哈布斯堡风格的一些改革，他并不排斥。大主教自己也已经开始减少耶稣会会士对教育的干预，他计划在波恩建立一所世俗大学。不过，他毕竟是一名神职人员，他那种“选帝侯式”的天主教教义，旨在表明教会有自我调整的能力，可以在不减弱道德权威的情况下施行统治。

老路德维希去世之后，约翰写了一封信给选帝侯，提出自己有资格接任乐长的职位。信里提出的建议并没有被接纳，约翰又请求增加自己的薪水，说自己的母亲在修道院里生活，因此负担很重，生活处于艰难困苦之中。

马克西米利安·弗里德里希只是减免了约翰提出的负担，却没有回应他的请求。这位所谓的音乐家其实并不够资格，只能在宫廷里唱点高音，私下教人学习演奏小提琴和钢琴。总而言之，约翰没有升职，也没有涨薪，他下定决心，要发掘自己长子这方面的天赋。至于约翰究竟是在什么时候发现儿子超乎常人的天赋的，就不得而知了。我们只知道，在卡斯帕·卡尔 1774 年春天出生开始，到尼古拉斯·约翰 1776 年秋天降生，贝多芬在这段时间已经开始上音乐课了，而上课方式是极其粗暴的，这让他一生难忘。

贝多芬一家搬到莱茵街的一间大房子里之后，邻居们回忆起当年的情景，他们看见一个小男孩哭着站在钢琴前面，他个头太小了，要爬上一只脚凳才能够得着琴键。如果显得犹豫，父亲就会揍他。他不是在钢琴前练习或是练习小提琴，就是被灌输学习音乐理论。他经常被鞭子抽打，或者干脆被关进地下室。约翰在半夜就叫他起床，不让他多睡觉，只是为了能够多几个小时去练习音乐。

贝多芬长大成人之后，从来没有责怪过父亲。但从另一方面来看，他表达对母亲的爱，却没有同样表达过对父亲的爱。酗酒的父亲常常导致孩子沉默寡言，贝多芬在这方面更加夸张，甚至不愿意写“约翰”这个名字——只有一次破例，贝多芬不得不签署一份法律文件，尼古拉斯·约翰作为当事人。根据我们能够了解到的童年传闻来看，贝多芬对父亲的一丝温情只是出于对父亲这个角色的保护，很可能他心底里对约翰有一些同情，因为约翰能力平庸，事实上并没有什么创造性和想象力，从他教育贝多芬的时候就明显表现出这个问题：贝多芬早早有能力把摆在面前的乐谱丢在一边，即兴发挥演奏钢琴和小提琴。这时候约翰就会很生气，马上叫停："你知道我无法忍受这种音乐"。他不让贝多芬改编曲子，不允许他即兴演奏。

当然了，贝多芬爆发出来的音乐天才有好的一面，也有失控的一面。音乐在他身体里，就像岩浆一样喷薄而出；然而，如果没有音乐中和声的搭配与主旋律的规范，面临的就是失去控制的大爆炸。在所有的表演艺术中，即兴的演出常常会使人感觉不自然，这是因为对于大部分的演出者而言，他们都没有很强的创造才能。至于那些天才的即兴创作，则是遵循另一种规律，这些特点近乎疯狂，让人不安：只要观察一下有关舞蹈家尼金斯基最后的舞蹈的表现，或是看一下毕加索作画时的场景就知道了。如果这种疯狂丝毫不受控制，则会产生毁灭性的力量。世界上公认，贝多芬是键盘乐器上最伟大的即兴表演艺术家，这么大的成就是怎么取得的呢？很大一部分原因在于，他的艺术创作拒绝简单的音乐效果，而是处于严密的思考之中，组织好艺术主题，配上完美的和声。公正地说，这种严密思维的习惯，部分功劳在他的第一位老师身上。

有人感觉贝多芬的童年令人同情，原因在于他的父亲约翰常年酗酒，家境贫寒，而母亲玛丽亚·马达琳娜并不十分喜欢约翰，她被困在这一段毫无爱情的婚姻困局中。虽然约翰喜欢喝酒，但酒瘾并没有到失去控制的程度，一直到贝多芬十几岁，都没有这些事情。约翰自己抱怨说，老路德维希死后，生活艰难不好过，这话倒也不能完全相信。约翰每年的薪水就有一百七十五弗罗林，钱虽然不是很多，但贵在稳定无忧。约翰还时不时给选帝侯的首席部长贝尔德布施伯爵提供一些“神秘情报”，换取一些报酬。波恩外交界官员的孩子们需要音乐课老师，约翰欣然前往，这又是额外的收入。当然也有不幸的时候，有些人不付钱，只给一些葡萄酒。

至于贝多芬的母亲玛丽亚·马达琳娜，其家族背景并没有传说中的那么低微，她的家族中，有重要的人物，有政府官员。约翰对她似乎还有一丝敬畏，他认真对待她的生日，每次都很郑重其事地庆祝，还表演小夜曲和舞蹈给她以示尊重。约翰比她大，年龄差距在六岁到八岁之间，但约翰赚到的每一分钱都交给她保管，他不止一次的对她表明：“老婆，用这些钱管家吧。”

贝多芬与母亲的关系如何，留下的记录不多。她对待孩子的衣食住行有些粗枝大叶，给贝多芬洗澡不及时，孩子经常四处乱跑也顾不上打扮外表。到了卡斯帕·卡尔出生之后，她的心情变得更加忧郁，她曾经对住在一座房子里的年轻女孩采齐利娅·费舍尔说：“我对你的建议是，不要结婚。”

时光流逝，父亲约翰对贝多芬的钢琴技能已经充满信心，他在科隆的一个音乐会舞台上，为儿子安排了钢琴独奏演出，时间就定在1778年3月26日下午5点。演出的宣传单上写道：这男孩是约翰仅仅六岁的小儿子。不过实际上，贝多芬已经七岁了。自从莫扎特在那个年龄为玛丽亚·特蕾西亚女王演奏开始，所有音乐神童的父亲都不希望自己的孩子年龄更大。甚至利奥波德·莫扎特也未能免俗，他也修改了沃尔夫冈的出生日期。

这是一次普通的演奏会，乏人关注，没有什么报道，假如约翰希望能够影响到音乐史，那他无疑会大失所望。贝多芬这次演奏的曲目有类似于巴赫《意大利协奏曲》风格的钢琴协奏曲独奏和一曲“三重奏”。可惜，他这时候的演奏技巧还不像莫扎特小时候那么纯熟，首次登台演奏没能引起大家的注意。

贝多芬第一次的演出不算很成功；他的普通教育也为没被特别重视。这次演出之后不久，玛丽亚·马达琳娜又怀孕了，约翰和她一起把贝多芬送到了一所拉丁语小学。贝多芬上学后，看起来蓬头垢面，有点呆头呆脑，这让其他同学觉得他像一个没妈的孩子。多年后，一位同学回忆道：“完全没有任何先兆……贝多芬的天才居然会在以后大放异彩，让人赞叹不已。”后来人们也会猜测，贝多芬的心理已经受到创伤，因为只要他在弹钢琴时有创新的想法，约翰就会压制他，他说："你还在胡乱弹琴吗？……小心我扇你的耳朵！"拉小提琴也是一样，贝多芬总是忍不住尝试演奏创新的音乐，他诚恳地问父亲："请您听一下，这样演奏难道不是很动听吗？"约翰的回答千篇一律："停下，你现在还不能拉这个。"

不过，约翰坚定不移地进行这种填鸭式的、死记硬背式的教育，也为贝多芬日后杰出的演奏技巧打下了坚实的基础。仅仅两年之后，贝多芬的双手逐渐长大，他开始感觉得心应手。他自己也承认，大量的练习，让双手变得十分灵巧。他已经不需要被逼着弹钢琴了。他非常喜欢弹奏钢琴，也一直坚持拉小提琴，小提琴的练习让他的左手变得无比灵活。

贝多芬小时候对管风琴也有很大的兴趣，他与城里的管风琴艺术家经常来往，一有时间就去学习，为此还进入选帝侯的小礼拜堂、波恩大教堂、方济各会修道院的阁楼里参观。管风琴的声音特点是巨大而洪亮，它的踏板音栓还有无限加长音的能力，再配合中提琴和铜管乐器的音乐课程，对日后作为作曲家的贝多芬产生了很大的影响，他也逐渐形成了自己独特的音乐特质：波澜壮阔、特点突出、层次丰富、气势恢宏。

在学校里，贝多芬越来越不合群，对于交友，他也没有什么欲望。他对传统的学校教育漫不经心，也完全不放在心上，他只掌握了基础的书写和算术知识。不过，只要涉及到跟声音和音乐相关的知识，他却能够顺利掌握。他掌握了基础的拉丁语，后来把法语也学得很熟练。但是，课本上复杂的拼写规则、云里雾里的数学公式，对他来说，这些完全没有意义，让他难以理解。不过，在当时来说，这些学习上的障碍并不算严重，就像杰出的英国诗人济慈一样，虽然遇到困难，但他们智力超群。贝多芬十分喜欢语言上的双关语和字谜游戏，虽然他很喜欢在纸上写东西，但并不热爱文学创作，对他而言，用音乐表达比用文字更轻松。他后来仔细研究了音乐创作中的对位法技巧，即兴弹奏钢琴、演奏管风琴的时候，就是他在利用自己的天赋进行表述的时刻。

从十岁开始，贝多芬开始用卷尺画五线谱，在上面谱写这种音乐的语言。这时候，他还没有接受过作曲的专门训练，但这似乎不是问题，他后来开玩笑说："在我还不懂得要怎么谱写音乐的时候，我就会作曲了。"从这时候一直到去世，他不愿意看到笔尖写下"干巴巴的文字"，而是更愿意看到音符。他的耳朵对音色有惊人的鉴别力，还有一种无法学到的天赋——绝对音感。贝多芬最喜欢的资料库，就是音乐中的那十二个音阶。按照事物的内部逻辑来看，这些音阶更接近数学中的十个数字，而不是字母表里毫无规律的二十六个字母。

1781 年的夏天，约翰已经没有什么新的知识可以教贝多芬了。

其他的老师相信并且在外面传言，贝多芬是一个非常有天赋的人。顺理成章的，他的下一步也即将为宫廷服务，追随父亲和祖父的道路。这一年的秋天，他就退学了，跟随宫廷里的克里斯蒂安·戈特洛布·内夫学习深造。

内夫三十三岁，刚刚就任宫廷的管风琴手，他是歌德的门徒，受过音乐和法律的双重训练，是一位完美主义者和逻辑学家，堪称全才。他曾经在莱比锡学习，现在也带来了约翰·塞巴斯蒂安·巴赫的教学传统。他倾向于加尔文主义，但并不是那种严肃死板的人，他能用本地语言创作歌曲和小歌剧。他为贝多芬教授巴赫的《平均律钢琴曲集》，也教会了贝多芬把旋律与人类独特的嗓音相匹配，这个艺术技巧精致而美妙，包含嗓音的声区、音域、对不同元音的敏感度问题，以及在德语中经常遇到的辅音碰撞问题。

巴赫的音乐理论给这个小男孩带来了神一般的启示，他充满热情地学习难度很高的前奏和赋格，乐在其中，已经无心去学习纯理论性的对位法。他对歌曲已经有了丰富的知识，别忘了，贝多芬不只是一位交响曲的作曲家，还生于歌手世家，祖父和父亲都是歌手。贝多芬的艺术风格逐渐成型，这些年他都沉迷于歌剧和合唱乐的创作之中。他的《大公三重奏》中的慢板乐章等作品，虽然是庄严的器乐旋律，也似乎具有声乐的特点，有听得见的“换气点”，也有赞美诗一样的声音过程。在他晚期创作的《弦乐四重奏》中，甚至出现了无词的宣叙调和类似歌剧花腔的华丽段落。

贝多芬具体是什么时候跟随内夫开始学习的，尚不得知，目前的记载只知道大概的时间是在1781年底。到第二年的6月份，贝多芬十一岁半，已经开始代替老师弹奏管风琴，在选帝侯的小礼堂里表演。在做弥撒时，他会即兴发挥演奏起来，经常会将弥撒的时间延长，让参与的人们感到奇怪。内夫是一位严格要求、做事一板一眼的老师，但对贝多芬却很宽容。

那年秋天，贝多芬在曼海姆出版了一组钢琴变奏曲，这是他出版的第一部作品，从中可以看到内夫的影响。这组变奏曲的主旋律来自一位名气不大的作曲家德莱斯勒，这完全是对古典式音乐一种机械的戏仿。在这组变奏曲里，C小调突然没落，乐章的终止显得戛然而止，就像突然下了一个“立定”的军令。

有一次内夫在布置作业的时候，让贝多芬必须写出与主旋律相匹配的变奏曲。可惜，这位学生却感觉无聊透顶，老师只得到了一份看起来很普通的学生音乐作业。只不过，在第九章和最后一章的变奏曲中，倒是体现出一丝未来作曲家的曙光。在大量连续的下行音阶后面，贝多芬猛然从远处的A大调一下子跳起来，产生的效果就好像是从行军队列中一下子跳上了检阅台，直到德莱斯勒军士命令他再回到大地上。

乐谱校对样张送来了，贝多芬对此有些兴奋，乐谱题名页是贝多芬的名字，用法语变体书写道：路德维希·凡·贝多芬，十岁。不过事实上，他已经快到十二岁了。这一次，仍然没有人将他与莫扎特相提并论，甚至都没有评论者提到他的变奏曲。

只有到了1783年，在3月2日出版的克雷默的《音乐杂志》中，一位身份不明的通讯员提到了他与莫扎特的对比。作者认为贝多芬只有十一岁，文中写道：

他弹奏钢琴时具有娴熟的技法，足够的力度，熟练的视奏水平，并且……他主要演奏的是塞巴斯蒂安·巴赫的《平均律钢琴曲集》，这是内夫先生教给他的。这部作品也许堪称音乐艺术中的顶尖之作，只要了解这部曲集中包含的所有音调、前奏和赋格，都会明白这其中意味着什么。（内夫）现在正在教他练习作曲……这是个年幼的天才，应该有机会得到帮助去游学。如果他能一直保持这种天才的趋势，他一定会成为第二个沃尔夫冈·阿马多伊斯·莫扎特。

实际上，后来经证实，这篇文章的作者就是内夫本人。这倒不是有意隐瞒，而是当时的做事习惯，文章都要匿名发表。内夫发自内心相信，他的这位学生具有类似于莫扎特的天才。不过，最后的两句话也反映出他的一丝顾虑。或许是因为波恩封闭的气氛，他有点担心贝多芬的才能被束缚，得不到应有的发展。

最后，贝多芬在当年的10月份真的去了一趟荷兰，妈妈陪着他一起。贝多芬一家有两位多年的邻居：采齐利娅·费舍尔和她的哥哥戈特弗里德，他们写的回忆录是有关贝多芬生平信息的主要来源。回忆录写道，在一个天气寒冷的日子，贝多芬和玛丽亚·马达琳娜沿莱茵河登船而下，在鹿特丹城一带停留了几个星期，一位人脉很广的荷兰女士留他们做客。她安排贝多芬到当地有影响力的几户人家中演奏音乐，他的钢琴技法被人赞誉有加。11月23日，在海牙的一场皇家音乐会上，他得到了人生第一份报酬，酬金是六十三弗罗林，比其他的演出者都要高，但贝多芬还是埋怨荷兰人抠门，他表示："我以后再也不去荷兰了。"

贝多芬的举动不只是青春期刚开始的忧虑心理，也是贝多芬成年后的先兆：他总是担心自己被人欺骗了，总是找借口避免外出旅行。贝多芬为自己的家庭生活蒙上了一层面纱，外人无从得知其中细节，而在费舍尔的回忆录中可以看到，当他们坐船沿着莱茵河逆流而上，返回家里时，贝多芬的双脚冻僵了，玛丽亚·马达琳娜把他的双脚放在大腿上暖热。这温情的一幕提醒我们，这个时候的贝多芬还只是个半大孩子。

在这期间，玛丽亚·马达琳娜的两个孩子又夭折了，再加上1784年的婚姻和生活中的经济困难，使她愈加忧愁满面。那一年的开端很糟糕，刚过1月份，约翰在宫廷里的恩主贝尔德布施伯爵去世了。接下来，玛丽亚·马达琳娜感到忐忑不安，丈夫的声音逐渐开始退化，他的薪水虽然不薄，但是职务清闲，这个差事能否保得住也令人担忧。

显而易见，家里需要贝多芬去申请一个宫廷中的职务。十三岁的贝多芬已经是宫廷里长期驻留的实习音乐家，他演奏的管风琴令人赞叹不已。内夫在乐队中演奏羽管键琴，这项工作已被批准由贝多芬替代。这项工作很重要，不但需要在羽管键琴或钢琴上合拍子，填充和声，还要视谱演奏。这些工作给他带来了回报，贝多芬开始有了生活补贴。在创作《德莱斯勒变奏曲》之后，他的音乐水平有了惊人的提高，作为作曲家出版了几首歌曲、三部奏鸣曲，全部献给了马克西米利安·弗里德里希。贝多芬写道："尊敬的大人！请允许我，将年轻时代的第一批作品献在您的面前！"

2月15日，贝多芬对选帝侯正式提出请求，恳请担任助理宫廷管风琴师。这个申请被批准了，宫廷的记录员记载：老路德维希已经没办法继续供养家庭。约翰的大部分薪水都用来喝酒了，有一天，费舍尔女士看见他走在大街上，拿着酒瓶"开怀畅饮"。

贝多芬依旧没有固定薪水，好在他得到终生职位的时间还算及时。两个月后，老马克西米利安·弗里德里希去世了，继任者是马克西米利安·弗朗茨，这影响了波恩的每个人。

与其他新上任的领袖一样，马克斯·弗朗茨[1]心中所想的当务之急，是赶紧给人留下深刻的印象。他解散了宫廷里的剧团，号召所有的部门都要简朴节约，并对雇佣的每个工作人员进行评估。在调查材料中，如此评价：

约翰·凡·贝多芬，44岁……声音状况不佳，已在任多年，家庭贫穷，行为政治，已婚。

克里斯特·戈特洛布·内夫，36岁……管风琴师……或许遣散为好，因为他并不能十分精通管风琴，而且还是外国人，没什么贡献，宗教方面还是个加尔文主义者。

内夫的宗教改革思想固然可叹，却有利于贝多芬。有一份补充报告写道，假如解雇内夫，有一个人可以代替他的位置，而且薪水只需要一百五十弗罗林。此人“个子不高，年纪不大，父亲是一位宫廷乐师，而且近一年都在需要的时候顶替这个位置，还干得很好”。

1784年6月27日，贝多芬成为宫廷里有固定薪水的工作人员，工资水平正好是上面的建议。内夫虽然没有被解雇，但也岌岌可危，

1 “马克斯”，即“马克西米利安”的简称。

他之前的薪水是四百弗罗林，现在降到了两百弗罗林。他们的职位相同，都是管风琴师。不久之后，贝多芬被加薪五十弗罗林，二人的工资也一样了。作为学生，贝多芬已经不容易对付了，内夫还试图让他的音乐狂想舒缓下来，但贝多芬对此很不认同。

与此同时，社会局势开始动荡不安，风云四起。美国爆发了革命，暴动的气息飘过了大西洋，来到法国，又影响到了莱茵兰地区。除此之外，在帝国之中的知识和思想改革也在酝酿着一场风暴。在魏玛，歌德积极支持文艺上的“狂飙突进运动”，这是一种的新的修辞，表达人们摆脱束缚的情感；在柯尼斯堡，康德宣称，与其说现实是客观的，不如说它是主观的；在曼海姆，弗里德里希·冯·席勒开始创作诗歌和戏剧，将舞台上的活动与政治运动结合起来，给人们以极大的震撼。

在当时，面对这些改革运动，贝多芬只对宫廷里与事业相关的事情感兴趣，这也是他唯一的激进行为。不过，当波恩所有的激进青年都掀起一股改革的风气，他也开始置身其中。席勒和康德的追随者在课堂上宣扬着人权和“绝对命令”的思想，选帝侯很快也宣布，属于波恩城的第一所大学即将开课，时间定在1785年8月9日。

康德的“绝对命令”思想认为：无论做什么事都应该做到，用意志把行为转变为“一条普及的准则”。与此相对，莫扎特的音乐已经成为当时普遍存在和普通认可的音乐准则，贝多芬使用这些准则，努力成为一名作曲家。他一面在宫廷歌剧乐团演奏羽管键琴，一面用心研习莫扎特谱曲的《后宫诱逃》。这部作品是如此完美，似乎是浑然天成，而并非人类所能够创作的。贝多芬对巴赫的探索深有体会，在音乐中要学会精通对位，通过勤奋的练习是可以学会的，只要持之以恒，就能掌握所有规则，进而解决所有问题。但是，莫扎特的天赋让人无法解释，向他学习的办法只有一个，那就是模仿。

贝多芬就是这么做的，他以莫扎特的三部小提琴奏鸣曲为样本，创作了三部大规模的钢琴四重奏。这些音乐中的音阶是他自己的创作，他不自觉地拓展了和声乐章以及乐器的力度范围，程度上远远超过它们的传统的边界。但是，他小心谨慎地复制了莫扎特对比例平衡的把握，就好像是一位绘图员在仿制图样时的做法，要把原始图样用带曲柄的铅笔夹照样放大。在这些贝多芬的创作轨迹中，表明了他的丰富的思想：在莫扎特用 G 小调写普通八分音符的位置，贝多芬用降 E 小调写成三十二分音符，而这是所有的调中最低的，每条线谱上面都有六个降号。这样的改变造成了特殊的效果，这些降号让小提琴手在演奏的时候，几乎在每个音符上都要用手指摁住琴弦，相比于空弦自己振动，这种声音效果显得模糊而低沉。对此，英国学者巴里·库珀曾经评价道，这种精细的方法说明贝多芬这一时期的听觉之敏锐，令人觉得不可思议。

贝多芬竭尽全力地学习乐器法，这一时期他留下了两部没有出版的手稿，一部是钢琴、长笛、巴松管的组合三重奏，另一部是这三种乐器与整支乐队对立的三重协奏曲。在大脑中，声音的混合实验并不容易，只有通过实践的检验，才有能力把两种、八种甚至十一种音色混合起来，这种能力要尽可能从小就开始锻炼。贝多芬很幸运，他在一支管弦乐队工作，乐队中的三十一位同事技艺高超，他有条件去尝试思考将各种乐器组合。

失败是成功之母，经历过种种失误之后就是美妙的收获，有的是随意尝试的成果，有的是精心设计的结果。贝多芬的学习成果令人鼓舞：长笛的高音区要搭配巴松管的木质音乐，效果轻快秀美，就像空中的鸟儿飞过芦苇，在池塘边留下一抹倒影；黑管的音色柔美圆润，在适当的压力之下可以变得明锐犀利；小号和人声要增加回声，可以尝试改变距离的维度；任何组合中，双簧管都可以保持独立的声音；拨弦又可以细分为拨弹音、噼啪声、弹音以及回声；至于鼓，既能产生一定的节奏，也能奏出和声以及旋律。黑管的特点，加上这些独特的声音处理方式，使贝多芬的管弦乐曲变得与众不同。

不久之后，贝多芬的创作戛然而止。将近四年的时间过去了，他只出版了一些零零碎碎的小作品。在贝多芬十五岁到十九岁的这几年，他的创作能力似乎退化了。难道是飞来横祸导致的？或者他在自我审查，把不满足的鸿篇巨制一把火烧了？当然不是。其实，导致这一“空窗期”的原因很多，比如感情的折磨、患了疾病、老师内夫对他的压制，以及搬家的影响，贝多芬一家在这段时间搬到了文泽尔街462号的新房子。

据后人推测，贝多芬身为宫廷职业乐师正在单纯地享受工作，在创作上分了心。他每天都要到小兄弟会的教堂，参加早间弥撒，陶醉在管风琴的三十三个音栓里面。每逢节日，他在选帝侯的小教堂里演奏，有一次还故意给唱赞美诗的歌手弹错调，自得其乐。在选帝侯的宫廷里，他有时候演奏钢琴独奏或协奏曲，有时候给选帝侯的剧团歌手们做声乐指导。贝多芬在管弦乐队的弦乐部，有一个固定的位置，当他没有羽管键琴的工作的时候，就在这里演奏他喜欢的中提琴。中提琴是弦乐器中最为微妙的乐器，莫扎特对这一乐器也十分偏爱，名副其实的音乐家显然对音乐结构更有兴趣，而不是表面的变换花样。

根据周围人的评价，贝多芬在宫廷中举止良好，做事沉稳。在波恩的音乐圈里，贝多芬找到了自己的位置，这与他上学时孤僻的外表完全不同。这是一群共同爱好演奏、唱歌的人，他融入其中，自得其乐，不必在乎大街上陌生人的眼光。为了集中精神思考，他逐渐喜欢上了散步，时常在波恩周边的乡村小道漫步。在贝多芬的创作过程中，总是要在漫步的过程中全神贯注地思索，这已经成了他必不可少的步骤了。

在费舍尔的回忆录中，曾经这么描述贝多芬：“他个子不高，身体结实，宽肩膀，短脖子，大脑袋，皮肤是深棕色的；总是身体前倾着走路。”贝多芬成年后的身高大约是五英尺六英寸，这一形象在以后的画作中也经常出现：画中的贝多芬漫步时一只脚慢慢转动。画作中没有能够呈现的是贝多芬那拉丁人般的相貌：头发茂密、纤细，接近黑色，眼睛与眉毛都是深色的，双手又宽又大，手背上有很多汗毛，显得与德国北部的气候格格不入。

费舍尔一家给他取了个绰号——“西班牙小子”，但是应该没有当面叫过，因为他的脾气不好，其实，他只是长得一脸凶相罢了。贝多芬看起来总是沉着脸，这是因为他眼睛近视，看东西的时候皱着眉头，门牙又老是顶起嘴唇。他行为随和，为人热诚，被激怒的情况并不多。他笑声爽朗，但别人觉得好笑的事情，他却不以为然。如果演奏的时候音调不准，大多数的音乐家都会觉得很难过，他却纵情大笑。他会说一些双关的笑话，不过内容有些牵强附会，显得有些机械，在德语中的寓意不明，让人摸不着头脑。有一次，他在偷费舍尔女士的鸡蛋的时候被抓住，于是打趣道：“我现在是一只搞音乐的狐狸。”似乎他觉得“音乐狐狸”的概念非常有趣。

贝多芬的这种幽默感很特殊，看起来一本正经又不伦不类，似乎只有在天生的怪人身上才会有。他的怪异行为越来越明显，他自己却毫无知觉。他经常坐着一动不动，神情专注，想得入神。在自己大脑里进行的对话，他说起来显得很奇怪。他会说："我会说那些话吗？那一定是狂想造成灵魂附体了。"对他来讲，狂想意味着他沉浸在美妙的思考之中，而且这种状态不允许被打乱。

贝多芬有一张十六岁时的侧面轮廓肖像，头向后倾，头发整整齐齐地梳着辫子，用缎带装扮着，衬衣的前胸露出瀑布般的花边。他现在是宫廷唯一的管风琴师，因为内夫的职位已经发生了变化。在节日的场合，他可以再系一条银腰带，腰带的左侧挂一把佩剑。他的宫廷礼服是一件海绿色的双排扣大衣，一件镶着金色丝线的马甲，马甲上有翻盖的口袋，下身是带搭扣的绿色马裤、丝绸的袜子，以及装饰有黑色蕾丝蝴蝶结的鞋子。他的右臂还会夹着一顶三角帽。

难以置信，贝多芬在学校时代其貌不扬，此时居然破茧成蝶，变得大方文雅。他喜欢穿着全套的华美服饰，到宫廷里的管风琴台子上，从大风琴管中奏出雄壮的音乐。如果不是从事音乐的工作，也许他会成为一个古怪的小伙子。

在这些年里，贝多芬感觉到人生的快乐，他的生活正在往幸福的方向发展。可惜，1787 年，不幸的事情发生了。可能是内夫劝说了马克斯·弗朗茨，在选帝侯的管弦乐队中有一位莫扎特般的天才，假如让年轻的贝多芬去维也纳游学，跟着莫扎特学习一两年，结果会怎么样？贝多芬学成回乡，会不会成为下一位乐长，给科隆的宫廷带来良好的名誉？

马克斯·弗朗茨同意了这个建议，他资助贝多芬去进修，宫廷的薪水照发，但父亲他要求贝多芬本人也要承担一部分费用。贝多芬的家庭生活比一般的音乐家要宽裕一些，家庭年收入超过六百弗罗林，但父亲约翰在外面欠下了不少债务，家里仍然算不上富裕。玛丽亚·马达琳娜在上一次的生产之后，久病未愈，家里还有两个男孩在学校里读书，家里不能没有贝多芬。不过反过来想，贝多芬与莫扎特有了往来，以后就不愁赚不到钱。莫扎特也会接受贝多芬的，毕竟选帝侯是国王的弟弟，只要有了哈布斯堡家族的推荐信，就等于得到了王室的指示。

3 月 20 日左右，贝多芬出发了，这趟旅程达九百英里。根据记载，4 月 1 日在慕尼黑有一家酒馆的入住信息登记：一位“贝多芬先生，波恩的音乐家”。这表明，贝多芬大约花一周时间到了维也纳。在这个帝国的首都，贝多芬的生活是如何开始的，我们无从知晓，只留下一些辗转流传的说法，据说他造访了一些对艺术有兴趣的贵族家庭，并有幸见到了约瑟夫国王本人。关于莫扎特接见他的过程，19 世纪的传记作家奥托·雅恩在其撰写的莫扎特传记中写道：

贝多芬……被人领着去见了莫扎特，莫扎特要求他现场弹奏音乐。演奏完毕，莫扎特顺理成章地觉得这是贝多芬提前准备好的作品，因此只是礼貌性地表示赞许。贝多芬发觉莫扎特的态度有些冷淡，请求莫扎特现场限定一个主旋律，让自己现场表演。在这样的考察下，贝多芬情绪激昂，这种状态下总是可以弹奏出美妙的乐曲……莫扎特注意听着，越来越有兴趣。最后，他独自走到隔壁房间，对朋友坦率地说："注意这个人，以后会有一天，他能带来世人认可的作品，举世闻名。"

虽然雅恩是人们尊重的学者，但上述的事情却经不起推敲。至少贝多芬本人从来没有说起过这次面试，他听到了莫扎特的演奏，却觉得他的钢琴风格"支离破碎"。一位朋友在多年之后声称，莫扎特确实给过贝多芬"少许指导"，但当时莫扎特正在紧张地创作《唐璜》，可能没有时间留意贝多芬的存在。据我们所知，贝多芬在维也纳只待了不到两个星期时间，在此期间，他逐渐成长成为真正的男人，当时的维也纳正处于整个帝国繁华的巅峰。然而，家乡传来玛丽亚·马达琳娜病危的信息，4 月 20 日，贝多芬启程返回波恩。

几个月之后，他记录了这次悲伤的回家旅程：

我离故乡越近，父亲来信越频繁，他敦促我尽快回家，因为母亲的身体令人担忧，状况很不妙。虽然我自己的身体也不好，但我仍然快马加鞭。我想见到母亲的最后一面，这个心愿让我解决了路上的千难万阻。到家后，母亲还活着，但情况非常糟糕。她的病是肺结核，经过一番病痛的折磨，她还是在7月17日去世了。我的母亲是那么温和、慈爱，她是母亲也是我最好的朋友。我能想到最幸福的事情，就是我叫母亲一声，她能够再次答应我。

玛丽亚·马达琳娜去世之后，贝多芬也开始患上哮喘，疾病日重一日，他认为自己也有可能得了肺病。他还说道："除此以外，悲痛的情绪折磨着我，跟我的疾病一样严重。"

忧伤的情绪击倒了他，这完全可以理解，因为他不仅要面对悲伤的心情，还要面对没有什么结果的维也纳游学，这趟旅程白白花了钱，却没有带来任何希望。这时候，波恩一位富裕的寡妇埃莱娜·冯·布罗伊宁帮助他从感情的伤痛中恢复过来。她提供给他一份工作，给她的四个孩子做兼职的钢琴教师，他因此可以自由进出这家人位于明斯特广场的豪华住所。贝多芬的家里充满了失去亲人的痛苦，11月份，他的小妹妹又夭折了，气氛更加凄惨。贝多芬就把布罗伊宁家当成了情感的避难所，布罗伊宁夫人就像母亲一样关心他。

布罗伊宁夫人的女儿埃莱奥诺雷吸引了贝多芬，这位少女年方二八，贝多芬此后的创作中一直有她的影子。比她小一些的都是男孩，其中十三岁的斯特凡·冯·布罗伊宁后来成为他的亲密好友。不过，在当时的年纪里，贝多芬更享受与埃莱奥诺雷在一起的时光，他们坐在钢琴凳上，腿挨着腿，两个人的手交叉在一起四手联弹。在18世纪这个崇尚礼教的年代，这是十几岁的年轻人能够做的最接近两性相爱的事情了。

布罗伊宁的家里总是贵客盈门，这里聚集着波恩的时尚圈人士，贝多芬在这里学到了基本的社交礼仪。玛丽亚·马达琳娜虽然有举止文雅，但是贝多芬只是在宫廷中学过基本的见面礼节，对上流社会中的日常礼仪更是不甚了了。不过他学习起来很容易，面对达官贵人的时候，他显示了充分的自信，一点儿也不退缩，即使面对这些位高权重的大人物——“尊敬的明斯特里希·奥布里李斯特·斯塔尔迈斯特，高贵的弗里德里希·鲁道夫·安东阁下，弗雷赫尔·冯·韦斯特霍尔茨·吉森伯格，科隆和明斯特主教教堂议事会枢密院委员”。

布罗伊宁夫人对他爱护有加，使他避开了社会上阴暗的一面。贝多芬是这么评价她的呵护举动的：“她很清楚怎么把害虫赶走，不让他们伤害花朵。”不过，她从头到尾也没有让贝多芬的暴躁脾气变得更好。贝多芬对一些事情只是漠不关心，而非故意为之。他沉浸在自己的情绪中，说着自己才能理解的双关笑话，对其他事情就会显得毫无觉察。布罗伊宁夫人对此十分理解，她幽默地说：“他又开始发呆狂想了。”其实贝多芬更喜欢这里的文化氛围，在布罗伊宁一家的时尚圈里，他学到了不少东西，弥补了过早结束的学校生活：优美的德语文学，尤其是其中抒情类的诗歌，历史、地理，以及科学知识，其中也不免夹杂着选帝侯那边听来的小道消息。他偶尔还会夜宿在那里，第二天一起吃早餐，和大家一起闲谈。

这里有一位常客名叫弗朗茨·格哈德·韦格勒，在新成立的波恩大学读书。韦格勒二十二岁，也喜欢埃莱奥诺雷，似乎更有机会获得这位少女的青睐。韦格勒沉迷于科学，注定要成长为医生或者学者，就好像贝多芬沉迷于音乐一样。在贝多芬确认自己的天赋之前，韦格勒就发现了这一点，这样的人并不多见，除了韦格勒就只有年轻的斯特凡和克里斯蒂安·内夫发现了他的才华。

当然，韦格勒的这一发现是几年后的事情了。贝多芬在此期间与韦格勒过从甚密，他甚至成了一名业余大学生，被大学的哲学系录取。这所新建的大学里聚集了科学家、法学家、神学家以及人文学者，波恩的年轻人和学者在这里热烈讨论问题。大家纷纷议论，法国的局势已经走向崩溃的边缘，国王路易十六与革命的国会做最后的斗争。革命的洪流从法国传播过来，莱茵兰的书店里到处都是革命的宣传书籍。路德维希读了不少这样的书，而且比较熟练地理解了卢梭的语言措辞。

贝多芬对政治和意识形态只是略感兴趣，他更喜欢闲聊而不是激烈的辩论。比如，大家喝着啤酒在花园里谈论腓特烈大帝逝世之后普鲁士下一步该怎么走，教皇如何面对国王推行的世俗化改革等。他喜爱读书，涉猎各种领域，不单单是为了自己的信仰而阅读。组成现实社会的是各种人和机构，他整整一生都难以融入，只是在表面上适应。他的典型形象是方正的脑袋、黑色的皮肤，带一点粗犷之气，有点像莎士比亚戏剧中的半人半兽的怪物，只有在声音的世界里他才会感觉到逍遥自在。

贝多芬熟知莎士比亚的作品，因为波恩宫廷的剧团经常演出。还不到十九岁，他就接触过《哈姆雷特》《李尔王》《麦克白》《理查三世》《罗密欧与朱丽叶》等作品的演出，以及名叫《约翰·福斯塔夫》的系列剧作；他也读了很多德国翻译家施莱格尔的译本。在贝多芬的音乐里，罗密欧给他带来一部《弦乐四重奏》[1]的灵感，科利奥兰纳斯启发他创作了一部序曲，麦克白则引发他写出一部歌剧的音乐小品。

德国著名诗人和剧作家席勒更是激起了贝多芬创作的火花。波恩刚刚上演了席勒的精彩戏剧《强盗》，接下来就是著名的《唐·

1　第 18 号作品，第一部分第二乐章。

卡洛》。也许贝多芬这样的天才总是会与常人不同，他最受感动的是席勒的一首颂歌《欢乐颂》，而席勒本人认为，这算不得自己的一流作品。

《欢乐颂》的德语标题是“An die Freude”，这首诗的主题是歌颂亲朋好友之间的真挚感情，深受多愁善感的年轻人的喜爱：

Freude, schöner Götterfunken,
Tochter aus Elysium,
Wir betreten feuertrunken,
Himmlishe, dein Heiligtum！
Deine Zauber binden wieder
Was der Mode Schwerd getheilt,
Bettler werden Fürstenbrüder,
Wo dein sanfter Flügel weilt.

按照诗歌的节奏可以翻译成以下文字：

欢乐，是天国的火花，
女神，在天边的乐土，
让我们一起陶醉吧，

走进这天使的圣地！
让我们相聚在一起，
清除一切世俗的差异，
在你温柔的翅膀里，
人类都是朋友兄弟。

在最后的诗句中，散发着民主的气息，令人感动，字里行间还散发着情爱的意境。在之后的版本中，席勒做了适当和缓的修改。诗歌的后面的内容还有很多，其中有送给人们甜蜜的吻，有永恒的誓言，有大自然的双峰，有吟唱的星空，有快乐的虫豸。颂歌中屡屡重复“Freude, Freude”的单词，欢乐的气息好像酒杯中不断涌出的泡沫，充满了大自然的能量。如果这首颂歌改编成音乐，也许成熟的作曲家会删去大量重复的比喻，但年轻的贝多芬在这段时期刚刚一扫郁闷之气，他在暗自努力，要把这首诗歌一节一节地配上音乐。

1788 年 1 月末，一位伯爵搬到了波恩生活，他的名字叫费迪南德·瓦尔德施泰因。伯爵是莫扎特的朋友，还不到二十六岁，拥有纯正的波希米亚血统，选帝侯也认识他。年轻英俊的伯爵家境富裕，头脑灵活，喜爱音乐。伯爵很快就成为冯·布罗伊宁夫人家的常客，他发现埃莱奥诺雷的音乐老师才华横溢，令人惊叹。其实贝多芬正处于创作的瓶颈期，但只要他坐在钢琴前演奏，流畅的音乐就汹涌而出，人们的注意力被完全吸引过来了，无暇注意别的事情。

伯爵非常兴奋，他打算全力支持贝多芬的音乐事业。波恩新成立了一家文化俱乐部，名字叫读书与休养协会，这也是一家经纪机构，瓦尔德施泰因很快就加入了。俱乐部的成员还有内夫等人，他们对文化有很敏锐的感觉，致力于支持人文学科的发展，促进文化艺术的启蒙。大家产生了共识：年轻的贝多芬是波恩城的宝贵财富，他属于未来。俱乐部委托瓦尔德施泰因在宫廷中为他奔走宣传。

瓦尔德施泰因伯爵不久就成了宫廷里最受欢迎的人，马克斯·弗朗茨能够接受伯爵的建议；当伯爵提出给予贝多芬更多便利，马克斯·弗朗茨并没有当回事。6 月份，贝多芬申请加薪，马克斯·弗朗茨没有批准。瓦尔德施泰因知道贝多芬因旅行欠下了债务，生活不易，时常会悄悄接济他一些钱，反过来却开玩笑说这是选帝侯的赏赐。

也许马克斯·弗朗茨的做法也有他的理由，贝多芬只是在 1783 年出版过奏鸣曲作品，那还是在他的童年时代，此后并没有什么音乐上的成就，似乎也很难配得上作曲家的身份；他的钢琴回旋曲作品和一首歌曲《致少年》，对他的名气也帮助不大。很明显，这一时期他没有什么作品问世，即使是神童，也给人已经江郎才尽的感觉。在宫廷里，给他的定位是管风琴师和中提琴手，而名字旁边并没有标上星号，这代表宫廷还不认可他是一位能够创作的作曲家。

而他在宫廷的同事已经开始出名了：安东·雷哈是有名的笛手；安德烈亚斯·龙贝格和伯恩哈德·龙贝格是来自明斯特的堂兄弟，以拉小提琴知名；而内夫和安德烈亚斯·卢凯西则可能是贝多芬祖父的乐长职位的继任者。这不禁让人纳闷，年轻的贝多芬面对这些人的成就，心中会无动于衷吗？

1789 年 1 月，选帝侯计划新成立一个歌剧团，这使宫廷乐师之间的工作磨合更多了。鉴于以往马克斯·弗朗茨的财政拨款很少，而卢凯西时不时到地中海度假，波恩已经好多年罕有音乐戏剧表演，只有外地偶尔来访的乐团和本地临时乐团登台。这次成立的是一个常驻剧团，贝多芬从来没有这么忙碌过，他要同时兼顾管风琴阁楼、剧院座厅和管弦乐队的舞台，此外，他还有外面的兼职音乐教学和在大学里的学习。这年春季过去了，他已经演奏了十三场不同的戏剧，并计划在秋、冬季中演出莫扎特的《费加罗的婚礼》和《唐璜》。

秋季的剧目开演了，歌剧《费加罗》的声音回荡在舞台上，法国民众攻占了巴士底狱，这时候的贝多芬再次提出加薪的请求。他的理由比较充分了，因为父亲约翰·凡·贝多芬已经成为家庭的负担，而不是有所担当的一家之长。斯特凡·冯·布罗伊宁回忆说，他曾见过贝多芬在照顾酒醉的父亲，这位父亲因为酗酒差点被警察抓起来。终于，在11月29日，选帝侯解雇了宫廷男高音职位的约翰，只发给他工资的一半作为养老金；从1790年1月1日起，他原有的另一半工资两百弗罗林改为发给他的儿子贝多芬，额外补发三份定量生活补贴，抚养贝多芬尚未成年的几个弟弟。

从这时候开始，年仅十九岁的贝多芬反过来对他的父亲负有监护责任，更不用提还要照顾两个弟弟：十五岁的卡斯帕·卡尔和十三岁的尼古拉斯·约翰。他的真实年龄究竟是多少岁，已经无关紧要，因为这时候他已经是一个真正的成年人了。除此之外，维也纳在2月24日传来惊人的消息，种种刺激之下，贝多芬的天才头脑再也无法沉睡，他的创造力被彻底激发出来了。

当时的头号新闻是"人民的皇帝"约瑟夫二世逝世了，他在帝国内部探索改革的所有设想也随之搁置。在此之前，众多贵族因为法国爆发的大革命被驱逐，不久又卷土重来，约瑟夫不得不废除大部分的新法。德意志的旧制度虽然比较稳定，但王公贵族也为之担心不已。

纷乱的局势使马克斯·弗朗茨感觉到威胁，因为他的领地紧挨着法国的边境。他是约瑟夫的弟弟，对于这位皇帝的逝世，他感到十分悲痛，整个选侯区都陷入了一片哀思之中。波恩读书与休养协会的官员为此发起号召，决定举办一场音乐会，表达公众对这位国王的哀悼和纪念。很快，当地诗人泽韦林·艾韦东克写出一首三十五行的诗歌；而协会在当月公布了相应的作曲家和音乐会的安排，结果令人多少有些意外：选定的作曲家年龄还不到二十岁，而且这位宫廷乐师从来没有创作过表达公众哀思的音乐作品。

贝多芬当时在宫廷的备案中，名字边上还没有标上表示作曲家的星号，这样一位年轻人如何能够打败众多的竞争对手，获得这一光荣的职责，我们不得而知。也许正是因为他的几个朋友是这次音乐会的委员，比如内夫和瓦尔德施泰因伯爵，他们会在马克斯·弗朗茨面前为他争取这一地位。可惜的是，仅仅过去不到三个星期的时间，委员会通知音乐会取消，贝多芬为此所做的题为《为约瑟夫二世逝世所作的悼念康塔塔》的作品不再上演。波恩有传言猜测，是否是因为这位年轻的作曲家驾驭不了如此宏大的题材？

这个疑问在将近一个世纪之后有了答案，德国著名作曲家约翰内斯·勃拉姆斯发现了贝多芬的手稿。康塔塔是一种大型声乐套曲的名称，包括独唱、重唱、合唱等。这首康塔塔曲子长达四十分钟，气势恢宏，包括五名独唱者、大合唱队，以及一支管弦乐队，乐队中包括弦乐、双木管编制和圆号。手稿内容完整，从开头到最后一个双纵线都充满了贝多芬的个人风格，任何受过古典训练的演奏者都会感觉到压力。勃拉姆斯对这部作品心存敬畏，很明显，“即使没有署名，也没有人证实，但这绝对就是贝多芬的风格！”只要人们欣赏了这部康塔塔作品，肯定会同意以上看法。勃拉姆斯评价说，《约瑟夫二世康塔塔》这首音乐作品表达了高雅而优美的哀伤情绪，作品有广阔的想象力，毫不保留地表达了强烈的情感。

这首作品开始于低弦上拉长的空C音，没有拍点与和声。乐声既不高亢也不轻柔，而是像大地一样坚实，就像是这首康塔塔的重心位置。下面的音乐都没有C大调的炫目，延长的C小调管乐和弦代替了弦乐齐奏——从这些早期作品开始，贝多芬一直用这个调来表达悲剧。乐声从大地升起，就像一片灰色的云朵漂浮在地面上面。勃拉姆斯认为，这种音乐中的延伸感、举重若轻的平衡能力，是典型的贝多芬风格。

作品中接着出现了另一片“云朵”，木管乐声中的和声响亮但并不突出，在巴赫风格的哀乐里逐渐消失。这里对声部的处理同样技艺高超，同音弦乐逐渐消退，成为原始的C音，合唱队轻声唱出一个词：“死亡。”

“死亡”，在又一个C音之后，这个词又一次出现，再一次出现响亮但并不突出的和声：“死亡。”听众能够听到，这是一段前序部分中对话的一次重复，交汇在一起的有四个层次的歌声和长笛、双簧管、黑管和巴松管的音乐声。多年以后，贝多芬在《第九交响曲》中再次这样处理：将人的声音作为乐器演奏的器乐、把器乐作为人声。接着，合唱队以最高的音量第三次唱出这个词：“死亡——”，长达七拍，足以泄出演唱者肺部全部的空气。在德语中，很容易感觉到，这最后一个齿音（辅音的一种），让整首乐曲突然进入死一般的沉默中。

音乐继续进行，合唱队一次次单独唱出“死亡”这个词，又一次次用沉默来结束，以示强调。当时流行文学和音乐中流行狂飙突进运动，诗歌的作者艾韦东克的文字也充满了这种意象：作品中仿佛出现了一个个狂暴的海浪，将 1 月 24 日的消息抛向听众——伟人约瑟夫死了！贝多芬创作的配乐中，配合了严格的格律对这种狂暴的风格略作弥补。贝多芬的配乐中，对歌词押韵的配合也十分敏锐；当合唱队一遍遍重复唱出“他死了，啊，死了！”给人一种感觉：人们似乎无法适应这位伟大改革者的离世。

接下来的演奏是男低音咏叹调，音乐中蕴含的能量翻涌着，暗示着约瑟夫的战斗精神，他与顽固派猛烈的斗争。在不同的乐器上，相隔一个瞬间会出现表示音符特别加强的标志“sfz”，表现出多层次的力度，这种技巧也提前预示了三十多年后的作品《大赋格》。

总而言之，这首音乐作品美妙绝伦，足以征服听众。其中，艾韦东克写出来的文字是对约瑟夫的“启蒙精神”致敬，文字描绘的景象仿佛是人类走向光明、地球围绕太阳。对这段文字的配乐，贝多芬用上了大段独唱的女高音抒情曲，声线就像一条弧线向上升起。在乐曲的第二次循环时，圆号在远处呼唤，其他四位歌手加入演唱，轻柔而不着痕迹。五重唱的声音秩序井然地呈现在空中，接着，合唱队的另外五个声部也加入其中。不知不觉之间，这么多的声音组合在一起，四面八方都是逐渐增强的人声，给人的感受就像是诗人蒲柏说过的话：“在光芒笼罩之中，流动的形体逐渐消融。”

在作品中管弦乐的配合上，你会感慨贝多芬对音乐的独特理解。圆号的声音之后，弦乐器登场，给独唱伴奏。五重唱的阶段，是双簧管和黑管的伴奏时间。接着，为了表达光明的含义，出现了一个强拍，整个康塔塔中，大放光彩的中间点到了；圆号再次登场伴奏，再加上巴松管的低音。十二个不同的声音开始奏响，合唱队开始演唱，稍后是女高音，最高的声部则是长笛最后出现，这给听众的感觉，就像是一缕阳光终于照射进来。

在作品的结尾，是歌手的咏叹调，用感动人心的力量，宣告了约瑟夫大帝的死亡。最后的合唱，几乎重复了第一段。这体现了贝多芬创作的一大特点——追求完美的对称结构。

艺术的本质是相通的。从另一个角度，也许建筑师能从贝多芬的音乐里有所领悟。从宏观上来看，这部《约瑟夫二世康塔塔》的声学结构很像是科隆大教堂——开头和结尾的两段合唱，就像是教堂南北的两座尖塔；把两组咏叹调连接到一起，就像是建筑上的管道和阀门；抒情曲是作品的中心，而抒情曲本身又是以“光明”这个词语为中心——在作品的高潮部分，阳光在那一刻破云而出，光明普照大地。而在开头和结尾的中间部分，伴随着“死亡”这个词，C 小调和声发出阵阵回音，余音绕梁。

对于一位艺术家而言，在他的职业生涯中，最遗憾的莫过于因种种原因错过了作品面世的大好机会。如果一位建筑设计师设计的大桥半途而废，一位女明星失去了主演的机会，一位雕刻艺术家的合同被撤回，这简直是世界上最大的痛苦。这部康塔塔作品的演出最终取消，贝多芬肯定为此万分痛心。演出取消的原因是什么？如果是因为贝多芬精雕细琢，信奉完美主义，才导致错过了演出时间，那还可以理解；如果是其他的原因导致，可想而知贝多芬的感受，简直难以体会，毕竟那时候他才十九岁，正是事业起步的年龄。贝多芬充满自信，他认为自己写出了一部经得起考验的作品，而且这部作品虽然没有演出，他还是把这段抒情曲的旋律用在以后的一部重要作品中了。

遗憾的是，随着时间的流逝，这种应时而作的“命题作文”，很容易被世人遗忘。波恩城里，纪念约瑟夫逝世的风潮很快过去了；没有人知道因为这件事曾经有人写出了这样伟大的音乐作品。

不久，贝多芬又得到一次为君王写康塔塔作品的机会，这次是为了庆祝约瑟夫二世的兄长利奥波德登上神圣罗马帝国的王位。

谢瓦尔德施泰因伯爵、读书与休养协会再一次帮助了贝多芬；贝多芬再一次写出《为利奥波德二世登基而作的康塔塔》，作品充满了独特的力量，而且更具有庆典的氛围；最后，快到预定时间的时候，再一次——演出取消了。

命运之神仿佛很喜欢开玩笑，两部杰出的康塔塔作品，都无疾而终。此后，有传记学的研究文献提到，贝多芬在1790年作出了康塔塔，演奏难度非常之大，后人甚至无法确定这到底指的是哪一部。

机会总是留给有准备的人，何况这两次的问题并不是贝多芬的责任。

那一年的平安夜，著名音乐家——也可以说是当时最伟大的作曲家约瑟夫·海顿路过波恩。海顿这时候已经年近花甲，在音乐界享有巨人的声誉，他被称为维也纳古典乐派的奠基人、交响乐之父。海顿年仅二十九岁就担任宫廷乐长，被好友昵称“海顿老爹”。

海顿从维也纳而来，准备去伦敦，参加当季的音乐会和皇家招待宴会。在波恩，选帝侯的管弦乐队对这位尊贵的访客表示了热烈欢迎，在这天的早餐会上，贝多芬给他看了一部康塔塔乐谱。就像作曲家勃拉姆斯，海顿对这部作品的水准和潜力有很深的印象。例如，在《约瑟夫二世康塔塔》这部作品中，主调性强于复调性，这表明作者还需要在对位法方面更上一层楼。海顿看了作品之后，敦促贝多芬抓紧时间去进一步学习。

海顿的判断颇有见地。内夫并不是非常善于对音乐赋格的规则进行教学，再加上贝多芬的天性是不喜欢遵守规则。贝多芬有一些进行曲，似乎故意写得很粗糙，而海顿的部分作品虽然粗糙，对位法却一以贯之地运用得十分优雅。

海顿在波恩的时间并不长，在与贝多芬的短暂接触之后，他继续北上前往英格兰。接下来的一年半时间里，贝多芬继续天才少年的生活，他是冯·布罗伊宁夫人时尚圈子里的座上宾，他与年轻的埃莱奥诺雷一起去大学听课，他与韦格勒一起去一家艺术圈子里经常聚会的小酒馆——策尔花园喝酒。策尔花园的老板娘有一个漂亮的女儿，名叫芭贝特，被大家称为“波恩的花朵”，这成了这座小酒馆最大的魅力所在。酒馆里面经常会有女孩，但在这种场合，贝多芬表现得一本正经，不敢越雷池一步。在贝多芬看来，在公众场合说黄色笑话、表现情欲，会让他很不自在，感觉害羞、生气。曾经有一位酒馆的女孩子，在朋友的起哄下挑逗贝多芬，贝多芬不为所动，甚至于后来很生气，打了一下女孩子的脑袋。

那时候，贝多芬已经正式就职宫廷钢琴师和管风琴师，他弹奏过很多协奏曲，其中就有莫扎特的作品。他还为自己的独奏会创作了《李基尼抒情小调主题变奏曲》二十四首，这部作品独具特色，令人耳目一新。作品的结尾，右手的固定音逐渐从十六分音符变成八分音符，随后逐渐变成四分音符、二分音符。

这一时期，贝多芬还留下了一些没有出版的作品。1791 年 3 月

6日，波恩出版了一首舞曲《骑士芭蕾》，作曲者是瓦尔德施泰因伯爵；而实际上，贝多芬才是幕后捉刀的真正作者。伯爵是这部作品的赞助人，用这种方式满足虚荣心在当时也并不鲜见。贝多芬成人之美，对此事的内幕一直保持沉默。

这时候，德意志的文艺界和政界发生了两件大事：1791年12月5日，音乐界的旷世奇才、年轻的沃尔夫冈·阿马多伊斯·莫扎特去世；次年3月1日，皇帝利奥波德二世去世。这注定是一个不平凡的冬天，这两个消息震惊了维也纳，其影响之重大堪比约瑟夫二世的离世。

莫扎特的逝世，使六十岁的“海顿老爹”成为欧洲音乐家唯一的代表人物。毫无疑问，如果说贝多芬正处于成长之路的瓶颈期，需要一位音乐界的人生导师指点迷津，这个人最好是海顿。

海顿从英格兰返回之后，再次路过波恩，停留的时间不长，到1792年7月，海顿已经离开波恩，回到维也纳。对贝多芬来说，能够师从海顿，是他千载难逢的机会。幸运的是，在贝多芬的朋友瓦尔德施泰因伯爵等人的不懈努力下，马克斯·弗朗茨同意了这件事。选帝侯再次批准贝多芬放长假，去外地学习深造，一切旅行起居费用由宫廷承担，外加一笔生活补助。选帝侯甚至表示：只要海顿本人愿意教他，贝多芬可以留在维也纳学习音乐，薪水照发。

当时的革命局势已经非常紧张。海顿回到维也纳的时候，法国大革命已经进行得如火如荼，法国国王的统治被彻底推翻，而神圣罗马帝国成了专制主义的威胁。新旧政治力量的正面冲突不可避免，奥地利和普鲁士联合成立了军队联盟；不久，法国军队击败德意志联军，德国城市美因茨陷落，莱茵河左岸防线洞开，法国军队已经集结在科隆选帝侯领地的南部和北部。在战争的阴云下，贝多芬考虑尽快离开波恩。

贝多芬在波恩生活了二十多年，他熟悉这里的每一条大街、每一家咖啡馆，甚至路边的每一棵椴树，要离开这里并不是一件容易的事情。好在两个弟弟已经长大了，大的十八岁，小的十六岁，家里还有一位管家可以照顾酗酒的父亲。

贝多芬与朋友们道别，明斯特广场附近居住的冯·布罗伊宁夫人、埃莱奥诺雷和小斯特凡，还有波恩大学的朋友弗朗茨·韦格勒，策尔花园酒馆里的美丽姑娘芭贝特。贝多芬众多的朋友中，不少人是被他的音乐才能吸引，这其中甚至有一位街头音乐爱好者，常常到文泽尔街站在贝多芬家的窗外倾听。

贝多芬向自己的老师内夫道别，对他的教育深表谢意。当然也少不了瓦尔德施泰因伯爵。伯爵对贝多芬的未来充满期待，11月1日是贝多芬临行的前一天，他为贝多芬写道：

亲爱的贝多芬！能够去维也纳深造，终于实现了你长久以来的愿望。音乐天才莫扎特虽然去世了，但是他的音乐精神仍然留存在世界上。海顿思如泉涌，但并非莫扎特精神的永久归宿，这种精神肯定会与另一个人相结合。你要坚持不懈地努力下去，相信你一定可以在海顿的教育下，继承莫扎特的音乐精神。

第二章　拜师学艺

去维也纳的旅程，是属于年轻人的冒险。1792 年 11 月 2 日的下午，贝多芬乘坐邮路马车从科布伦茨出发，往法兰克福的方向驶去，前方是德国黑森的军队。贝多芬面临两难的境地：掉头往回走，回避风险；或者继续前行，这就会遭遇德国的军队。军队可不是好惹的，即使安全通过前面的军队，在后面八天的路程中，还很有可能遇上从美因茨往北的法国军队。

贝多芬决定选择继续前行。他和一个年轻乘客与赶车的车夫谈好，额外付一笔小费，车夫继续前行。第二天早晨，贝多芬到达了法兰克福。

此时的贝多芬无法想象，他已经永远告别了莱茵兰的家乡，此生再也没有回去过。贝多芬到达维也纳后，终生定居于此，把自己的音乐事业发展到一个别人无法企及的高度。

总而言之，11 月的维也纳，迎来了这个年轻的音乐届学子。刚开始还是很顺利的，贝多芬带着足够分量的推荐信和信誉担保，上面有瓦尔德施泰因伯爵和皇帝的叔叔的亲笔签名，可以让他得到一个合适的住处。在维也纳的阿尔瑟街，有一家商店，商店上面有一个阁楼，那就是为他准备的单身公寓。

安然住下之后，就要开始置办学习和生活用品了。从波恩出发之前，选帝侯已经承诺给贝多芬一笔安家补助，在维也纳有一位代理人，专门负责办理这类事件。这似乎是个不错的开始。贝多芬开始准备申请补贴，支出事项很多，他要一一写下来。工作必需品有：当地音乐会的门票、作曲手稿的用纸、印章等，还得租一架钢琴，雇一位假发工匠。日常生活的支出就更多了，至少需要置办的就有：桌子、一套正式场合穿的衣服、买取暖的木柴和咖啡。

贝多分列好清单，向选帝侯在维也纳的代理人申请补助。万万没想到，阎王好见，小鬼难缠；选帝侯答应的补贴是一百个达克特金币，这位代理人先生却只拿出来二十五个达克特金币付给贝多芬；至于不足的部分，代理人宣称，这些都被安排到其他的预算里面了。

贝多芬对此毫无办法。对于宫廷的签约艺术家来说，这种克扣补助的事情，既不是第一次，也不是最后一次。这就是冰冷的现实，艺术家毕竟不是生活在象牙塔里。初到维也纳的第一次生活打击，让他下定决心，面对那些拥有财富却对钱漠不关心的人，决不轻易妥协。

维也纳是欧洲的音乐中心，是一座花费高昂的大城市。就算是一百达克特金币的全部补助都能拿到手，也只相当于五百个弗罗林银币，这些钱需要维持在维也纳一整年的生活。贝多芬是一个中产阶级未婚男子，在维也纳过着简单的生活，按照通常的消费水平，一年大约需要七百七十五弗罗林作为生活开支。显然，钱不太够。

除此之外，作为优秀的年轻人，贝多芬应该能留意到，维也纳也有不少优秀的女孩子。难道年轻人不应该学会跳舞、与这些女孩子做一些必要的社交接触吗？毫无疑问，这是必须的。一位热心人给他推荐了一位舞蹈教师，贝多芬记下了他的地址，然而，这点生活费，怎么能付得起舞蹈课的费用呢？这真是个大难题。

转眼到了 12 月，贝多芬算了下账，只有六十八弗罗林了，却还有一大堆花费等着他，如果要生活到第二年底，还缺少一百弗罗林。这样的计算还没有考虑一个可能的政治风险：根据莱茵兰区域战争前线的消息，法国军队有可能攻陷波恩市，到时候选帝侯前途未卜，马克斯·弗朗茨还会继续给贝多芬付钱吗？

好在音乐大师海顿并不急着收学费，12 月上课的学费，海顿只收了八个格罗申币，这个开支倒是不大，差不多只相当于几顿饭钱。不过，年底大部分时间是圣诞节前的音乐季节，海顿整日忙忙碌碌，也没有什么时间真正开始教学，每次见面似乎只是简单的谈话。也许到了节日之后，才能有正式的教学课程。贝多芬内心多少有些失望。他二十二岁的生日就要来了，却没有什么值得高兴的事情。

12 月 18 日，传来不幸的消息，贝多芬的父亲去世了，死因是“胸部积水”。贝多芬的心情肯定不好受，但他并没有回家参加葬礼。令人意外的是，这位严厉的父亲最后一次帮助了贝多芬：他的养老金有一半被贝多芬继承了。这些钱帮助他在维也纳继续生活下去，在跟随海顿求学的过程中继续他的音乐事业，成为一名真正的钢琴家，正式开启他的职业生涯。

法国的革命风云变幻，仅仅一个月后，在 1793 年的 1 月，国王路易十六被送上断头台。而在维也纳，贝多芬的学习进步神速。一次海顿甚至打趣说：长江后浪推前浪，贝多芬在音乐创作方面的能力很强，已经能够写伟大的歌剧；海顿自己很快就得面临退休了。

依贝多芬的性格，不会对任何人有过度的敬畏。他致力于发掘自己最大的潜能。美中不足的是，贝多芬想要快速学会音乐对位法，而经过一个半月的学习，仍然进展不大。有人猜测，也许是因为二人都不适合这种纯理论的学习。后人发现了贝多芬在这时候留下的二百五十份练习稿，上面是对位法的练习，里面有不少错误，而海顿作为老师，很少对其做出改正，甚至有一些改错的地方。由此可见，师生两人对这种教育都没有什么兴趣。究其原因，强调各种技能的对位法在本质上更像是一门技术，而不是艺术。海顿让贝多芬学《复调基础课本》，其中有几百个对位法的问题。

在生活中，“海顿老爹”很乐意与二十二岁的艺术青年相处。

贝多芬并非不通世故，他会不时给老师准备好咖啡和巧克力。贝多芬五百弗罗林的补贴在维也纳生活得捉襟见肘，海顿慷慨地借给了他五百弗罗林。

夏天到了，海顿带贝多芬游历了艾森施塔特市。艾森施塔特是一座古老的小城市，位于奥地利东部的莱特山东南麓。海顿曾经长期在这里居住，他担负着宫廷乐长的职责，职务繁忙。他在这个城市作曲、领导合唱团、为宫廷成员演奏室内乐、组织歌剧创作等。这里的王公贵族懂得欣赏音乐，给他创造了很好的条件，使他的才能得以发挥。如今重游故地，海顿带着贝多芬游览了不少地方，还把他介绍给当地的王公贵族。

海顿是德高望重的长者，在他的身上有很多值得贝多芬学习的东西。贝多芬学到的不仅仅是如何创作音乐，还有海顿的职业生活。贝多芬曾经抄写了一份海顿的《弦乐四重奏》，他认认真真地抄写了每一个音符。有趣的是，莫扎特也曾经师从海顿，他曾说："我最早就是从海顿那里学习怎么写作弦乐四重奏。"

作为当时的音乐家，要关注的不仅仅是学习本身，还要非常注重与贵族的社交——音乐人一般都必须有自己的赞助人。贝多芬是幸运的，他与瓦尔德施泰因伯爵、马克斯·弗朗茨、凡·斯威特恩，以及海顿这样有名气的人熟识，再加上精湛的钢琴技艺，似乎距离成名之日不远了。

幸运的是，作为文艺之都，维也纳并不缺乏音乐爱好者。在贝多芬的住所附近就有这样一对夫妻，妻子是克里斯蒂亚娜·利赫诺夫斯基公主，她是瓦尔德施泰因的一位表亲；丈夫是卡尔亲王。亲王三十七岁，生活富裕，有一定的音乐资质，曾经师从莫扎特。夫妇二人作为维也纳社交圈子的达官贵人，十分欣赏贝多芬，他们每个周五的早上都要举行一场室内音乐会，经常会邀请贝多芬参加。

这是贝多芬音乐社交生活的良好开端，通过在维也纳的生活，贝多芬的社交圈子逐渐扩大，让他的音乐事业有了良好的基础。卡尔亲王的兄弟是莫里茨伯爵，而利赫诺夫斯基公主的母亲是玛丽亚·威廉明妮·图恩伯爵夫人，伯爵夫人喜爱音乐，她赞助了作曲家格鲁克、音乐家海顿和莫扎特的音乐事业。伯爵夫人还有一个女儿伊丽莎白，是俄国大使安德烈亚斯·基里洛维奇·拉祖莫夫斯基伯爵的妻子，极为富有。通过音乐，贝多芬结识了越来越多的贵族朋友。

不过，贝多芬实际上并不喜欢热闹，他喜欢在钢琴边享受自己的时间。他长时间地工作，对自己的作品一个音符一个音符地深入分析、修改。当脑海中出现主题乐与和声的灵感，他努力寻找音符之间的规律。他研究了莫扎特《费加罗的婚礼》，根据其中“我亲爱的伯爵”部分，创作出版了一部小提琴和钢琴变奏曲。

不久，贝多芬陆续创作出一部降 B 大调的钢琴协奏曲、一部双簧管奏鸣曲、一部管乐五重奏，以及一部管乐八重奏。海顿很高兴，把其中一些作品寄给马克西米利安·弗朗茨，作为贝多芬这一年勤奋学习的成果。海顿在信中对选帝侯说，请求他把第二年的补贴付给贝多芬，并提出最好能增加到一千弗罗林。海顿信心十足地在信中表示，选帝侯的投资是值得的，贝多芬会成为欧洲最伟大的音乐家，而海顿本人也因为是他的老师而感到骄傲。

不料，马克斯·弗朗茨的回信毫不客气。他在信中认为，贝多芬的音乐作品大部分是在波恩就已经写成的，不能算作是在维也纳取得的成绩。至于贝多芬的收入，除了在维也纳的五百弗罗林补助之外，约翰养老金的一部分再加上贝多芬自己在波恩宫廷的薪水，一共有四百弗罗林，这个收入从未中断。一年九百弗罗林，财务方面够用了。如果不够，继续回到波恩宫廷继续本职工作也可以。

可以想象，这封信让贝多芬的处境很不自在。其实，贝多芬在维也纳的第一年，确实遇到了经济上的困难。而约翰的养老金，是过了六个月才到贝多芬手里的。他也没偷懒：他做了很多的对位法练习，选帝侯声称以前贝多芬绝非不思进取之人，选帝侯所述的作品，很有可能进行了重新编曲。总而言之，这难免影响到师生两人的关系。

这时候发生了一件事，在 1794 年的 1 月底，海顿再次出发去英国。贝多芬的老师换成了圣斯蒂芬教堂的乐长，约翰·格奥尔格·阿尔布雷希茨贝格。这是一位知识十分渊博、理论知识丰富的学者，贝多芬跟随他学习了十六个月，学习了双声部、三声部和四声部赋格。

贝多芬还重新学习了小提琴课程，老师是利赫诺夫斯基的首席提琴手，一位名叫伊格纳茨·舒潘齐格的年轻艺术家，每周上三次课。这段时间的学习，使二人成为朋友，贝多芬此后创作出来的弦乐四重奏，很多都是由舒潘齐格演奏。

大革命的浪潮影响着每一个人，贝多芬在维也纳学习期间，法国军队胜利了，科隆选侯国永远成为历史。伴随着马克斯·弗朗茨宫廷的灭亡，贝多芬的收入来源彻底断绝。二十四岁的贝多芬从此要独立依靠自己的钢琴技艺和作曲事业来赚钱。不过，这样的好处在于，对于桀骜不驯的贝多芬来讲，他彻底自由了，再也没有宫廷的束缚，他成为独立自主的自由音乐家了。此外，他还找了一个出版代理人合作。

波恩市被法国人占领，许多年轻人逃离那座城市，来到了维也纳。这其中就有贝多芬熟识的弗朗茨·韦格勒，还有已经二十岁的卡斯帕·卡尔·凡·贝多芬。

贝多芬在维也纳的社交圈子已经比较成功了。他的人生目标不是旧社会制度下的贵族下属，而是新时代的绅士。他的经济条件也逐渐好转，已经不再住阁楼，他交了很多朋友，时不时去外面的餐馆吃饭。既然是新潮的年轻人，也就不必再佩戴假发和发辫，外套的款式也不必那么古板，可以随意一些。

贝多芬想念波恩的朋友。在贝多芬离开波恩之前，埃莱奥诺雷·冯·布罗伊宁给他织了一件安哥拉毛背心作为纪念。贝多芬写信给她说，这件背心已经太俗套，不适合穿出门了，只能放在衣柜里，请她再织一件新的。收到信的姑娘婉拒了他的请求，但也补偿了他，给他寄来一件手工绣花的围巾。贝多芬收到这件礼物，感到十分高兴。

其实，作为维也纳新一代有才华的年轻人，贝多芬的周围不乏年轻漂亮而又富有的女学生。可以想象，他在维也纳跟女孩子之间总有一些故事发生——这些故事是属于年轻人的。甚至他曾经开玩笑说，自己准备好要结婚了。不过，实际上贝多芬的本性还是有些保守，他对女孩子更多的是彬彬有礼而已。

贝多芬的外貌并不帅气，对他没有起到加分的作用。他皮肤坑坑洼洼并不光滑，颜色黑黑的，脸上胡须很浓密，身材比例失衡，两条短腿看起来比较明显。他在穿衣打扮方面不愿意受束缚，经常外套不扣扣子。他似乎有洁癖，床单被罩永远是干干净净的，只要看到脸盆就会洗手。

贝多芬的性格并不安静，但只要坐在钢琴旁边，立刻变得高雅而平静，能非常轻松地弹奏出一段段优美的旋律。他的演奏技巧娴熟无比，双臂沉稳，手腕灵活，手指轻捷地在键盘上滑动，每个节点都掌握得准确无误。贝多芬的基本功非常扎实，多年弹奏管风琴的经历，使他演奏起来毫不费力。

在年轻时代，贝多芬的听觉也十分敏锐。他的演奏风格大气而高雅，毫无浮夸和炫技的感觉。他涉猎广泛，演奏自己谱写的曲子，也弹奏巴赫、亨德尔、格卢克和莫扎特等名家名曲。有名的音乐家车尔尼、瓦茨拉夫·托马舍克等人在听过他弹奏之后，都深深地折服于他的音乐才华。当时的革命已经取得成功，贝多芬的音乐中有一种暴力和宏大的力量美学，更适应这个新时代。当然，总有些人看不惯贝多芬不受拘束的风格，尤其是那些崇尚华丽、清新音乐风格的人。

贝多芬的首次公演终于到来了。演出前几天，贝多芬急性腹痛，公演两天前才把演出的协奏曲写完。一个周日的下午，在维也纳的城堡剧院，贝多芬面向公众，和管弦乐队一起演出。演出获得成功，贝多芬随后被邀请公开即兴演奏；几天后，他又演奏了莫扎特的一首协奏曲，莫扎特的遗孀康斯坦茨也在场聆听。

此时贝多芬的名气已经打响，他在维也纳得到了音乐圈内的认可。现在，是时候出版正式的作品了。首部出版的第 1 号作品，贝多芬选择了一首三重奏。这首作品经过不断修改，他自信观众对这部作品会有兴趣。

这一年的 5 月 9 日开始，贝多芬在《维也纳日报》上登出了三天的广告，为自己的第1号作品征求订户。随后，他与维也纳顶级的音乐出版社阿塔利亚签订了出版合同。合同规定，贝多芬分担首印成本。这是一场对赌，定价太高可能会无人认购，定价太低则没有利润，风险大部分在贝多芬手中。

贝多芬相信自己的实力，他最后对自己的第1号作品定价是一个达克特金币。实际上，每一册作品的成本只有一弗罗林，这样的话，每一册的利润是四弗罗林。当然，不能高兴的太早，因为制印刷版的钱是二百一十二弗罗林，贝多芬需要提前一次性付清。贝多芬感觉到资金的压力很大，他不得不向朋友借钱应付。他写信给匈牙利使馆的兹梅什卡尔男爵，借五古尔登银币，并承诺在未来几天里归还。

贝多芬的投资获得成功，下了订单的用户有二百四十九名；而利赫诺夫斯基亲王一次就下了二十册的订单；而且，有人推测印版的钱也是他付的，因为作品的前面是题献给利赫诺夫斯基。大概估算，贝多芬的利润已经远超一千弗罗林，足够他一年的生活开支。

更重要的是，贝多芬的音乐家生涯正式开始了，这是一个可贵的开端。对于合作方也是好事情，阿塔利亚出版社陆续将贝多芬的作品重印了三次。

贝多芬来维也纳之前，瓦尔德施泰因伯爵曾经说，贝多芬不仅会受到海顿的影响，也会继承莫扎特的音乐精神。如今，这一预言成真，贝多芬的音乐作品中随处可见海顿和莫扎特的影子，他们的音乐精神得到了继承。

1796 年 8 月，海顿从英格兰回来了。也是在这个月，贝多芬在《维也纳杂志》上发表了他的三首钢琴奏鸣曲，为表示尊敬，贝多芬把奏鸣曲题献给海顿。在一场音乐会上，贝多芬做了这首新作品的公开演奏，声誉如日中天的海顿正是这首新作的评审。

贝多芬的创作激情已经被激发出来了，越来越多的作品从贝多芬的笔下喷涌而出。在钢琴奏鸣曲之后，还有五部弦乐三重奏，一部钢琴、黑管和小提琴的三重奏，一部弦乐五重奏和另一部钢琴和管乐的五重奏，一部弦乐六重奏，一部为弦乐和两支圆号而作的六重奏，一部管乐六重奏，两部大提琴奏鸣曲，三部小提琴奏鸣曲以及七部钢琴奏鸣曲。除此之外，还有一些零散的歌曲、变奏曲，一首音乐会咏叹调。

也许是有意控制创作的节奏，贝多芬这一时期的作品，主要是室内乐。室内乐有别于大型管弦乐、交响音乐、歌剧和舞剧音乐，是在比较小的场所演奏的音乐，只由一件或几件乐器演奏的小型器乐曲，主要指重奏曲和小型器乐合奏曲。

在 1796 年，贝多芬作为钢琴演奏家的名声渐大，在波希米亚、萨克森和普鲁士举行了五个月的巡回演出，生计早已经不再是问题。贝多芬最小的弟弟尼古拉斯·约翰也追随卡斯帕·卡尔来到维也纳，在一家药房工作。

与莫扎特少年成名的时候类似，贝多芬所到之处，收到了观众的热烈欢迎，他受到了贵族的礼遇。演出的成功，使贝多芬神采飞扬，他被各种荣誉包围着。在普鲁士柏林歌唱学院，贝多芬的一次即兴弹奏惊动了所有人，有人在钢琴边激动得哭了。国王腓特烈·威廉二世欣赏了贝多芬的两次演出，十分赞赏，送给他一只装满了金路易的黄金鼻烟盒作为礼物。萨克森选帝候也送了一份黄金制的礼物，更不用说各种观众给予的不计其数的小费。

这年 7 月底，贝多芬回到家。法国资产阶级革命的气息在欧洲蔓延，法国将军拿破仑发动政变，夺取了法国的最高政权，但他的野心不止于此，还打算征服整个欧洲。在拿破仑的带领下，法国军队节节胜利，反法联盟不堪一击。贝多芬的心中充满了自由、平等、博爱的理想，他是 1789 年法国资产阶级革命的热烈拥护者，在他心目中，拿破仑是摧毁专制制度、实现共和理想的英雄。

也是在 1796 年，贝多芬的身体逐渐开始出现问题。夏天天气热的时候，不知是否是因为过度紧张，或者是有些人推测的那样患了斑疹伤寒，他感觉到不舒服，总是不穿上衣，站在打开的窗户前吹风，只有这样才会感觉好受一些。也正是在这一年，贝多芬的听力开始下降，出现耳聋的症状。

当天气变冷，贝多芬的身体就好一些了。11 月末，他按计划在普雷斯堡举行了一场音乐会，仍然可以自由自在地弹奏钢琴。冬天到了，贝多芬创作激情继续高涨，谱写了大量室内乐。

在维也纳，贝多芬的老师“海顿老爹”已经六十六岁了，过着半退休的生活，但他的创作能力仍然存在。贝多芬关心着海顿的生活，他期待着海顿的下一部作品，海顿正在创作的一部清唱剧，规模宏伟壮丽，初步定名为《创世纪》。

1798 年 3 月 9 日，《创世纪》在史瓦森堡宫进行首演。维也纳所有的音乐届著名人士都到场了。音乐会取得了巨大的成功，这部作品也被誉为古典主义的巅峰之作。著名的音乐工具书《格罗夫音乐和音乐家词典》中评价道：“可能没有其他音乐作品能够这样迅速而广泛地被世人认可。”

《创世纪》对贝多芬造成了深远的影响，但他的音乐风格毕竟与海顿大不相同。贝多芬桀骜不驯，不愿意遵守刻板的规则，有时候又有些浪漫主义的气质，保守的音乐界传统人士对此难免有些看不惯。当地著名的音乐杂志《大众音乐报》曾经刊文，指责贝多芬转调的方式很奇怪，音乐创作任性而随意。

也许，贝多芬需要更多的作品证明自己。他有二十三部音乐作品出版面世，但大多数人还是认为他只是一个钢琴演奏家，而不是从事音乐创作的作曲家。他要像当年的莫扎特一样，把自己天才音乐家的身份彻底展现在维也纳的人们面前。而这种身份，需要更多作品的证明。

贝多芬有意减少了社交活动的时间，把更多的精力用于音乐创作。秋天本来有一次去波兰的巡回演出计划，贝多芬考虑再三后取消。他放弃了王公贵族的优厚待遇，自己在维也纳中心的圣彼得广场租了一间公寓。他要成为独立自由的艺术家，不再像旧时代的音乐家那样依附于贵族生活和工作。

第三章　不屈命运

新世纪的春天到来了。1800年4月，维也纳著名的《大众音乐报》刊登了一则个人音乐会的广告，从这时候开始，贝多芬成为广受欢迎的年轻音乐家。广告是这么刊登的：

1800年4月2日，星期三，路德维希·凡·贝多芬先生很荣幸地为大家献上一场大型的个人音乐会，地点位于城堡剧院旁边的皇家帝国宫廷剧院。演奏的曲目列表如下：

一首宏大的交响曲，作者：已故的乐长莫扎特；

一首咏叹调，节选自《创世纪》，作者：尊贵的乐长海顿先生，演唱者：扎尔小姐；

一首大型钢琴协奏曲，作曲、演奏者：路德维希·凡·贝多芬先生；

一首七重奏乐曲，谨以最谦卑和赤诚之心，将此曲献给皇后陛下。作曲：路德维希·凡·贝多芬。演奏者：舒潘齐格先生、施赖伯先生、申德莱克先生、巴尔先生、尼克尔先生、马陶舍克先生以及迪策尔先生，共同演奏四件弦乐器和三件管乐器；

一首二重唱，节选自《创世纪》，作者：海顿，演唱者：扎尔先生和扎尔小姐；

即兴钢琴演奏，演奏者：路德维希·凡·贝多芬先生；

一部新的大型交响曲，作曲：路德维希·凡·贝多芬先生，演奏：整支管弦乐队。

这不是音乐小圈子的交流，而是面向大众的音乐会。贝多芬心里明白这一点，他根据普通大众的特点，仔细规划了当晚的演出。演出非常成功，人们称赞贝多芬的作曲能力彰显了他的音乐品位和艺术感知力，作为钢琴演奏家的高超技巧也值得赞赏。

在这次音乐会中，一部C大调的交响曲新作品广受好评，这部作品结构优雅，艺术性和新颖性都足够征服众人，也蕴含丰富的思想。另一部七重奏成为贝多芬当时最受欢迎的作品，其中使用了大量的管乐器，乐器组合包含了黑管、圆号、巴松管、小提琴、中提琴、大提琴和低音大提琴，通过精心的编排，显得十分动听悦耳。

一颗新星冉冉升起。《大众音乐报》在后面做了报道，称赞这场音乐会是长久以来最有趣的音乐会。贝多芬俨然已经代表了德国音乐的未来，这令人想起音乐家巴赫当年的盛况。除了遥远的巴黎和伦敦，欧洲的音乐届已经接受了这位年轻的作曲家。

随着贝多芬名声的广为传播，随之而来的是其经济情况的好转。他的经济来源已经很广阔，除了音乐作品的出版商、演出经理和钢琴学生，从音乐会中也获得了大量的票房分成。利赫诺夫斯基亲王这时候开始给他年金，金额高达六百弗罗林。

这年7月，贝多芬住到了维也纳北边的温特都柏林，他在那些布满了葡萄树的山上寻找灵感。这里到维也纳走路要一个小时，二十九岁的贝多芬雇了一个仆人，买了一匹马，事业蒸蒸日上。

在温特都柏林，不仅有美丽的景色，贝多芬还认识了一位农夫的漂亮女儿，贝多芬经常逗得她咯咯直笑。大部分时间，贝多芬会到树林里散步，到葡萄酒小村里徜徉，把头脑中的灵感变成音乐。也许在外人看来，这幅场景有些怪异：一头满头乱发的人，手上也沾满了墨渍，低声吟唱着不知所云的曲调。只要有一个新的想法，贝多芬就要想办法赶紧记下来。不管是吃饭还是在刮胡子，他都有可能停下来，找稿纸或者翻出外衣口袋里的笔记本，好像不写出来这些想法就会马上消失了一样。有时候找不到纸笔，他干脆就对着野外的树干写写画画，有时候是墙壁甚至百叶窗。在不了解他的人看来，这无异于到处乱写乱涂的行为简直不可理解。

先将头脑中的灵感随时转换为作曲的草稿，再回到维也纳城市里把这些草稿仔细打磨为完美的作品，这成了贝多芬多年的习惯。

维也纳的生活并不轻松，打磨作品、不断的誊抄、一次次的试演、无数次的排练，然后就是签合同、举办音乐会、出版作品。贝多芬越来越忙碌，他一早就起床，早餐后，数六十粒咖啡豆，煮一杯浓浓的咖啡，这就是一天的开始。他的工作台就是一台大钢琴，可以一边谱曲，一边试弹。

秋天就要到了，贝多芬还有一个重要的工作，给洛布科维茨亲王创作一组六首的弦乐四重奏。这项工作已经进展多时，洛布科维茨亲王并非普通的音乐爱好者，他可是音乐界的行家里手，贝多芬需要下很大的功夫来做这件事。

弦乐四重奏的写作，对音乐规则的要求非常严格，难度很大。弦乐四重奏是由四把弦乐器组合而成的室内乐形式，包含两把小提琴、一把中提琴以及一把大提琴，是很受欢迎的一种室内乐。

在当时的维也纳，王公贵族经常举办小型演奏会，例如利赫诺夫斯基亲王和拉祖莫夫斯基伯爵共同主办的周五日场演奏，首要演奏曲目就是弦乐四重奏。弦乐四重奏既要求音乐性，也要求戏剧性，将二者完美结合，对贝多芬来说是新的挑战。在贝多芬出生之前，“海顿老爹”就一直在探索这种技巧。

经过大量的试验与修改，一直到10月中旬，贝多芬终于完成六首弦乐四重奏的任务。这是他的第18号作品，题赠约瑟夫·弗朗茨·冯·洛布科维茨。这位性格内向的贵族二十八岁，财富惊人，对贝多芬十分慷慨。他本人擅长演奏小提琴，也是一位歌唱家，与贝多芬意气相投。

新年时分，为了帮助战争中受伤的士兵，维也纳举行了义演音乐会，海顿和贝多芬两代作曲家一起出席。海顿担任他的两部交响乐的指挥，贝多芬亲自与圆号手一起演奏了自己的作品《钢琴与圆号奏鸣曲（Op.17）》。

战争的结局已经注定，拿破仑·波拿巴的军队所向披靡，这位小个子男人代表着新兴资产阶级，他作为法国第一执政官，逐渐获得了最高的权力。拿破仑的战争神话激励着许多人，也令许多人感到恐惧。

这段时期，贝多芬接到一份委托，为王宫的春季音乐会中一部芭蕾剧谱曲，芭蕾剧的名字叫作《普罗米修斯的生民》。贝多芬对这部歌颂英雄的戏剧十分感兴趣。

普罗米修斯是希腊神话中最具智慧的神明之一。他是真正的英雄，他为了成全他人，宁愿牺牲自己。他不仅创造了人类，给人类盗来了火，还教会了人类许多知识和技能。贝多芬心中激动，怀着对英雄的崇敬之情，很快谱写了一部序曲、十六幕戏的配乐，以及一部终曲。

《普罗米修斯的生民》公演后，大受欢迎，帝国宫廷剧院重演达二十七次之多。随着这部英雄戏剧的流传，贝多芬的音乐事业的发展愈发势不可挡。

不止是德国，贝多芬在整个欧洲也逐渐成名。他的七重奏、钢琴协奏曲和《第一交响曲》从整个德国传播开来，尤其是七重奏，在伦敦也广受欢迎。单论钢琴奏鸣曲，他已经出版了十部；此外，还有更多的作品即将出版，尤其是十几部室内乐作品，可以预料到一定会被市场接受。随着作品的增多，佣金快速到手，钱不再是问题。在风景秀丽的赛勒施塔特，他拥有了一座新房子。

令人欣喜的是，贝多芬在爱情上有了新收获。有一位可爱迷人的女孩——十六岁的意大利女伯爵朱列塔·圭恰迪，二人的关系让贝多芬陶醉其中。

贝多芬创作了《月光奏鸣曲》，并献给了朱列塔·圭恰迪。贝多芬认为他非常爱朱列塔小姐，朱列塔也爱他，他甚至已经自己考虑过求婚的事情。不幸的是，贝多芬心中也意识到了，他们不是一个阶级的。朱列塔有贵族的血统，一位年轻的作曲家文策尔·加仑贝格伯爵也在追求她。不知出于何种心理，贝多芬对此并不妒忌，他甚至还曾借给加仑贝格伯爵一笔钱，帮助他追求朱列塔小姐。

这也许是因为，贝多芬已经意识到，他的健康每况愈下，尤其听力在持续下降。当他把《月光奏鸣曲》题献给朱列塔的时候，这位迷人的小姐轻声对贝多芬说了些话，可他已经几乎听不到这些恋人之间的轻声细语了。贝多芬只能通过看她的嘴型，猜测她说了些什么。无法听到心上人的话实在太痛苦了，根本无法用语言来描述这种痛苦。

1801 年 6 月 29 日，贝多芬给自己的朋友，当时在波恩生活的弗朗茨・韦格勒写信，信中描述了自己的身体状况。

原来，近三年来，贝多芬的身体一直都很差。他的听力越来越差，还有严重的腹泻问题，二者是否相关令他困惑。长期腹泻的折磨，让他的身体非常虚弱，痛苦不堪。

两年前的一天，特蕾泽・布伦瑞克伯爵夫人与妹妹约瑟芬拜访贝多芬，贝多芬热情地接待了她们，还在特蕾泽为他唱歌时伴奏。当时伯爵夫人感觉到了奇怪的事情：贝多芬的钢琴居然音不准。因为这时候，贝多芬的听力已经很糟糕了。

维也纳综合医院的院长约翰・弗兰克医生对此也没有什么好的办法，他尝试用补药增强贝多芬的身体素质，用杏仁油调理他的耳朵，但用处不大。他的听力问题仍然在持续恶化，腹泻问题也没有得到解决，跟以前差不多。整天面对腹泻和听力的问题，有时候，贝多芬真的感到非常绝望。

1800 年的冬天，贝多芬的生活可以用悲惨来形容，腹绞痛犯了好几次，再加上持续的腹泻，痛起来简直要人命。贝多芬忙于工作，用顽强的意志力忍了大约一个月，这才找了维也纳著名的内科医师杰勒德·冯·威林。威林首先控制住了这来势汹汹的腹泻，然后建议他用多瑙河水进行温水浴疗养，再加上有强健功效的补药、治疗胃部的药片以及灌进耳朵里的药水，这次事件之后，贝多芬的身体总算好了不少，但感觉耳朵里还是整日嗡嗡作响。也许杏仁油的治疗作用并不明显，只是能把头脑里的噪音掩盖一部分。

生活给贝多芬开了一个残酷的玩笑。他以音乐为自己的事业，却有听力的疾病，这与其说是疾病，不如说是一场灾祸。贝多芬的生活陷入一种无奈的境地，他给韦格勒的信中写道：

我差不多有两年没有出席过大的社交活动了，因为我感觉到自己不可能跟别人说“我耳朵聋了”。假如我从事的是别的职业，也许还可以应付我的这一残疾；但对于我现在的职业来说，这真是最糟糕的问题……

我跟你说吧，我在剧院的时候，不得不让自己离管弦乐队的距离很近，才能够听清楚演员说的话。但是如果距离远一点，我根本听不到高音的器乐和人声。

在跟人说话的时候，我很奇怪，为什么不少人没有发现我耳聋的症状。也许是因为我平时就时常会不自觉地走神，如果我没听到他们说话，他们可能会归结于这个原因。当人们轻声说话的时候，我经常听不到声音；或者我只能够听到有声音，却听不出来具体说的是什么。除此之外，一旦有人大喊大叫，我的耳朵又完全受不了。

几天后，贝多芬向另一位密友卡尔·阿门达说出了自己耳聋的问题。贝多芬一面纠结于自己的健康问题，一面还在想着《普罗米修斯的生民》，虽然这一戏剧获得很大成功，但是贝多芬仍然觉得，自己做的还不够好，这样主题的音乐还有待进一步发掘。

有一次，海顿与贝多芬碰面了，海顿热情地说：“我昨天听了你的芭蕾剧，我很享受！”海顿指的是昨天演出的《普罗米修斯的生民》芭蕾剧。

贝多芬谦逊地回答：“噢，海顿老爹，您真好心，但是它还远远达不到您的《创世纪》那样的高度！”

随着名气的增大，贝多芬的工作越来越忙碌。1801 年的夏季，贝多芬在维也纳西南部的一个小村庄海岑多夫度过。他已经做好准备出版《第一交响曲》，正在着手创作规模更加宏大的 D 大调第二部作品。与此同时，他还在创作一部弦乐五重奏、两部小提琴奏鸣曲、至少四部的钢琴奏鸣曲。其中一部作品，就是广为流传的《月光奏鸣曲》。

这首钢琴曲本名《升 C 小调第十四钢琴奏鸣曲（Op.27，No.2）》。几乎没有一首名曲像这首奏鸣曲一样，因为一个昵称“月光”而名满天下、家喻户晓。“月光”这一名字的由来众说纷纭，但最多的是源于德国诗人路德维希·雷尔施塔布的评价，他形容这首乐曲的第一乐章为："就像在瑞士琉森湖，月光闪耀的湖面上，有一只摇荡的小舟。"而贝多芬自己评价这首曲子就像是一首幻想曲。

贝多芬这一时期的奏鸣曲，充满了不落俗套的尝试。在传统的音乐格局中，奏鸣曲式往往只出现在一个乐章里，而且通常在第一乐章，但贝多芬打破了这种模式，《升C小调第十四钢琴奏鸣曲》是古典乐派开始朝浪漫乐派转变的作品之一。

其实，这首浪漫的作品，恰恰是在痛苦的背景下创作出来的。贝多芬创作这部作品时，耳聋的症状日渐严重，心中爱着的恋人也离他而去，在身体和精神的双重痛苦之下，他写出了这首钢琴奏鸣曲。

在第一乐章中，似乎融入了忧郁的叹息。有人评价道：第一乐章就像是初升的月亮，充满了希望，但却被浮云遮掩了光华，舒缓的旋律中流露出一种淡淡的伤感。

第二乐章是个小快板，音乐的情绪变得温柔，仿佛在追忆往昔，又在憧憬未来。舒缓音乐节奏，让人不禁想起平静的月光之夜，恬静而柔美。著名作曲家李斯特曾经评论道："这就像两座悬崖中的一朵小花。"

到了第三乐章，音乐如浪潮一般涌来，浪花经过千尺悬崖，狂泻而下。这一乐章有两个主题，前者由十六分音符的分解和弦组成，恰如暴风骤雨，又有对坎坷命运的不甘与抗争；后者清秀优美，充满了对信念的坚持和对未来的希冀。两个主题交织而成，使人心潮起伏。

这首奏鸣曲是贝多芬早期作品的代表作，广为流传。法国浪漫派作曲家埃克托·柏辽兹曾经高度评价道："人类的语言都不知道该如何去描述。"

贝多芬的听力在这段时间愈发糟糕，已经严重影响了他的情绪。长久的疾病折磨，似乎通过药物、创作或是爱情都无法解决，医生的治疗方法并不能从根本上解决问题。

好在，贝多芬还没有完全失去听力，许多年之后他才彻底耳聋。日常生活中，他已经适应了半聋的生活。维也纳的人也逐渐明白了贝多芬的疾病。特蕾泽·布伦瑞克曾经认为贝多芬的钢琴音不准，海顿想起为什么贝多芬很少出门，利赫诺夫斯基和洛布科维茨曾经困惑于为什么贝多芬很少出席大型招待会，而贝多芬年龄最小的学生卡尔·车尔尼，则时不时看到贝多芬用棉耳塞蘸了黄色药水放在耳朵里……这些似乎都有了合理的解释。

贝多芬的心情只能与朋友分享。他在给韦格勒的信里写道："我不能再忍受了，我要同命运搏斗，它不会征服我，我要扼住命运的咽喉。"

当时的医学还不发达，贝多芬已经尝试过水疗和草药治疗，对他脆弱的肠胃似乎起了点作用。他在信中向这位朋友征求意见："有人说电疗法有奇特的疗效，你对此怎么认为？……我现在与人多多交往，感觉好些了。你简直无法想象，过去两年我有多么孤独、生活多么悲惨。"

贝多芬在1802年春天致力完成的大多数作品——特别是欢快的《第二交响曲》——就有这种分裂的特质。它们有时像要往某个方向飞，有时又像是另一个方向。

韦格勒是贝多芬的密友，他这时已经与埃莱奥诺雷·冯·布罗伊宁结婚。韦格勒感觉到了贝多芬的绝望情绪，他非常担心，提议他可以考虑回到波恩来生活，与家乡的亲人在一起。贝多芬拒绝了这个建议，他认为，在波恩跟大家生活在一起并不见得会快乐，而只有在维也纳，才能施展自己的艺术抱负。

贝多芬与家乡的朋友有不少来往。有一位条顿骑士团的斯特凡·冯·布罗伊宁先生，年仅二十七岁，来自波恩，经常来看望他。还有一位名叫费迪南德·里斯的青年才俊，他专程来找贝多芬学习钢琴。此外，贝多芬的两个弟弟也在维也纳，在贝多芬忙不过来的时候，卡斯帕已经可以接手处理贝多芬的日常事务。

医生建议他到维也纳西北方向的温泉疗养地海利根施塔特疗养。这里海拔较高，环境幽静，远离城市里嘈杂的环境，再加上富含矿物质的温泉水，可能对贝多芬的健康很有益处。这一年4月，贝多芬听从了医生的建议，在海利根施塔特租了一处房屋休养身体。这里可以出去散步调节心情，中午就在附近的村子里随便吃点什么。

贝多芬的学生里斯经常去那里看他。有一天，里斯和贝多芬在附近散步，听到远处的树林里有人在吹笛子，音乐声听起来很优美。里斯告诉贝多芬，二人一起朝着声音的方向走去，无奈贝多芬一路上都没有听到笛声。

夏天过去，秋天来临，树木开始落叶，人的心情也变得越来越忧郁。贝多芬一直待在海利根施塔特，疗养的效果却差强人意，他的情绪也越来越暴躁，很明显，耳聋的症状在逐渐恶化，很可能永远也治不好了。

与黑暗的命运做斗争，但似乎毫无胜利的迹象。贝多芬想到了自杀。

到了 10 月初，贝多芬的精神终于无法忍受。他写了遗书，注明："我死之后方可开启，并按此内容执行。"落款时间是 1802 年 10 月 6 日。

下面是贝多芬这封遗书的内容，这可能是音乐史上最令人心酸的一笔，与其说是他跟自己的弟弟沟通，不如说是跟自己的意志力与感情沟通。

致我的兄弟卡尔及约翰·贝多芬：

唉，可能有人认为我心怀怨愤、行为偏执，甚至可能有人背地里说我悲观厌世，这真是个天大的误会。你们看到的只是表象，这背后我有不得已的苦衷，你们却一无所知。

从我童年时代起，我对这个世界心存善意，我的理想是做一番伟大的事业。然而，六年过去了，痛苦的疾病一直折磨着我，使我处于绝望的境地。再加上庸医误人，我的病情日重一日。年复一年，我总指望病情能够好转，心中的希望却总是落空。最后，我不得不承认，我的身体要康复恐怕是遥遥无期了。即使有治愈的可能，也是很久以后的事情了。

我的秉性本来是热情活泼，喜欢社交娱乐，但却不得不隔绝世人，过着孤独寂寞的生活。有时候，我也想忘掉自己的缺陷，找回曾经美好的生活，但残缺的听力总是给我带来无穷的痛苦，使我与外面的世界有一层无情的隔膜。毕竟，我总不能对别人提出要求："你说什么？请大声说话，对着我叫喊吧，因为我是聋子！"

啊，我怎么才能接受这个事实！我怎么才能让别人明白，我的听觉出了问题，而实际上，我在这方面理应比别人更完美——从前就是这样的，这本应是我在音乐界的一大优势，完美的听觉与身体浑然一体。

所以，看到我在逃避原来的朋友，孤僻自处，请你们一定要理解，我在内心深处是希望与你们相处的。偏偏这时候，我经常会被别人误解，这让我心中的感受格外痛苦。我是如此的孤独，几乎是一个人生活！我没有办法与别人沟通，无法与人深入交谈，也不能通过倾诉来寻求安慰。有时候我不得不与别人接触，孤独的感觉还是在我心里如影随形。我的生活就像是被流放的人，一旦靠近人群，我的心里就会丨分担忧，生怕别人注意到我的病症。

最近六个月，我住在乡下疗养。我的医生好意劝我，尽量在这里保护我的听觉，这也符合我的心境。有好多次，我感觉想要与社会接触，都快忍不住要去融入社交生活了，但是，在我和别人一起，其他人听着远方的笛声，寻找着牧童的歌唱，而我却什么也听不到的时候，那种感觉是何等的难堪！这种事让我简直要绝望，我强压住心中自杀的念头。最终，是艺术留住了我的生命！我的艺术使命还没有完成，我还不能够轻易离开这个世界。就这样，我在悲惨的生活中煎熬，在痛苦的泥沼中前行。

我的身体状态已经十分脆弱，只要有一点变化，身体的健康程度就会继续恶化。只有靠忍耐，我现在才能坚持着，继续接下来的人生道路。我已经有了耐心，但愿我的决心能够坚持到底，直至无情的死神不期而至，切断我的生命之线。也许这倒更好，也许并不见得，但我已处之泰然。我才活到 28 岁，就已经不得不像哲学家一样看破一切，这太不简单了。作为一个艺术家，能有这种心态，比其他人更困难。

上帝啊，请明察我的灵魂！你知道我心怀善念，对万事万物都有一颗关爱之心。人们啊，如果你们有一天看到了这些话，请不要忘记，你们曾经对我是多么的不公平。而那些不幸的人们，也能够因为我这个患难兄弟而聊以自慰：这个人克服了大自然给他设下的重重障碍，竭尽全力置身于艺术家和有价值的人的行列，做到了他力所能及的一切事情。

我的兄弟卡尔和约翰，在我死后，如果施密特教授还健在，请务必以我的名义请求他，把我的病症详细地叙述出来，病历之外再附上现在这封信，至少能够让世人原谅我。同时我宣布，我的微薄财产由你们继承。你们要公平分配，互相帮助，和睦相处。你们曾经给我的伤害，你们知道我早就谅解了。我的兄弟卡尔，我特别感谢你近来对我的亲厚。我的愿望是：愿你们享有美好的生活，不要像我一样充满烦恼。对待你们的孩子，你们要教以德行，只有德行而不是金钱才能使人幸福，这是我的人生经验。除了艺术以外，是内心的道德，在苦难的生活中一直支持着我，使我不至于自杀。

永别了，愿朋友们相亲相爱。感谢我所有的朋友，特别是李希季诺夫斯基亲王和施密特教授。李希季诺夫斯基赠送给我的乐器，希望你们中的一个人能够收藏好，但也不要因为此事引起争议。如果你们觉得有必要，卖掉它也是可以的，不要迟疑。倘若躺在坟墓里还能够给你们一点帮助，我将非常高兴！

就这样吧，我将欣然迎接死神的到来。我命运多舛，我还没有完全施展自己的才华，死亡就提前降临，毕竟来的还是太早了，我祈祷死亡能够晚一点到来。但是即便早些死去，我也知足了，这不也是把我从无穷无尽的痛苦中解脱出来了吗？死神，你来吧，什么时候都可以，我将勇敢地面对你。

永别了，我的朋友，我死之后，请不要遗忘我。我在世时，想让你们幸福；死后也请你们保留一份思念。

愿你们幸福！

路德维希　凡　贝多芬

1802年10月6日于海灵根斯塔特

给我的兄弟卡尔和约翰，请在我死后拆阅并执行：

海灵根斯塔特，1802年10月6日。

我怀着悲伤的心情，与你们永别了。是的，我曾经期盼着我的疾病能够在某种程度上痊愈，但这个希望现在已经破灭了。我的希望就像秋天的落叶一般枯萎凋零。我降生在这个世界，现在又要远去。每个美好的夏天，我都有坚强的勇气，如今这些勇气也消失殆尽。啊，万能的上帝，请赐予我一整天纯真的快乐吧！我已经很久没有听过远方传来的欢乐歌谣了。啊，上帝！什么时候，何时才能在人类和大自然的庙堂中感受到快乐呢？难道永远不能吗？啊，不！这太残酷了！

贝多芬的遗书读起来催人泪下，其中又蕴含着不屈的精神。好在这封遗书并没有起到作用，贝多芬并没有寻短见。贝多芬终其一生，一直把遗书藏在抽屉里，没有拿出来让人看过。也可能是因为在遗书中坦露心迹，反而激发了他潜能的爆发。这封遗书让贝多芬重新审视了生命的价值和意义，他重新振奋起来。从此以后，贝多芬绝少如此敞开心扉。贝多芬接受了自己的生活状态：作为艺术家，必然是孤独的。

社会局势继续发展，法国革命的胜利了，拿破仑的帝国休战，贝多芬的一位富家贵妇朋友建议他写一首奏鸣曲庆祝。莱茵兰地区的教会领地也开始世俗化的变革，海顿对贝多芬的《普罗米修斯的生民》不乏赞誉之词，这一切好消息激发了贝多芬的创作欲望。

对贝多芬来讲，耳朵能够听到的音乐固然是美好的，被心灵捕捉到的旋律也是天籁之音。在海灵根斯塔特疗养的这段时间，贝多芬心灵中开始捕捉这种若有若无的灵感，开始创作一些钢琴变奏曲。

这些变奏曲以一些不循常例的音符为基础，与传统的钢琴曲大不相同。十五段变奏曲、一首大型赋格，贝多芬展现了他在钢琴艺术方面的潜力，但这只是开始。贝多芬生活在自己的音乐中，一首曲子还没写完，另一首就已经开始了。自此之后，贝多芬真正意义上进入了创作的成熟期，1804 年《第三交响曲》完成，这部于 1803 年开始创作的交响巨著真正确立了音乐史上一个伟人的诞生。

第四章　英雄情结

1803 年，拿破仑的军队已经占领了德国和奥地利的大部分领土。贝多芬虽然是莱茵兰人，但并没有感到悲伤，而是为革命的狂潮所激励。这一年，贝多芬在旺盛的创作欲望下，写出了一部交响曲的草稿《第三交响曲》，这部史诗般的作品气势非凡，贝多芬用铅笔在第一页上写到："为拿破仑而作。"在第一份草稿上，他写了两个名字：拿破仑·波拿巴，还有路德维希·凡·贝多芬。

在这首交响曲中，第一章是坚定的三和弦，似乎象征着拿破仑是混乱世界的主宰，中间是一段英雄的葬礼进行曲，结尾的乐章则是胜利的凯旋。中间的葬礼进行曲是否意味着，贝多芬已经提前预知了这个伟大人物的悲剧结局？这就不得而知了。

这一时期的贝多芬精力旺盛。这部献给拿破仑的交响曲作品规模宏大，创作过程十分耗费精力，即使是当年的莫扎特也需要专心致志，推掉其他的事情。但是对贝多芬来说，这部只是本年度的工作之一。从这一年开始，他创作了大量的优秀作品，不仅作品多产，而且题材新颖，优质的音乐品质始终如一，这个创作期长达十年之久，这在音乐史上也是极为罕见的。特别是贝多芬的英雄主义作品，几乎全都创作于这一时期。期间赠送朋友的作品、实验性的音乐、改良作品、给各种活动谱写的配套作品、为了赚钱写的商业作品不一而足。

贝多芬对音乐创作的态度极为严谨，不管是面对音乐界的朋友，还是与出版商和音乐演出的剧院经理，他从不敷衍。也许是为了回应他在海利根施塔特遗嘱中的遗憾，他的时间不多了，身体又是如此的脆弱，他要努力在死神到来之前，充分施展自己的音乐才华。

十年之中，他写出了大量的传世之作，时至今日仍然是音乐会曲库的经典。这些作品汇集起来，简直是一场超级音乐盛宴，包含一部歌剧、六部交响曲、四部独奏协奏曲、五部弦乐四重奏、六部弦乐奏鸣曲、七部钢琴奏鸣曲、五组钢琴变奏曲、四部序曲、三部舞台配乐组曲、四部三重奏、两部六重奏、七十二首歌曲、一部清唱剧、一部弥撒曲、一部三重协奏曲以及一部合唱幻想曲，这部幻想曲中还包含了钢琴即兴曲、协奏曲和世俗康塔塔。

在 1803 年 4 月 4 日，精神振奋起来的贝多芬再次举行了一场音乐会，他担任乐队指挥和钢琴师。他的听力问题，对这场音乐演出并没有太大影响。这场演出，贝多芬的收入是 1800 弗罗林。有几部作品举行了首演，最广为人知的是神剧“Christus am Ölberg”，即《基督在橄榄山上》，这部作品一直盛行不衰；此外还有《D 大调第二交响曲（Op.36）》《第三钢琴协奏曲（Op.37）》，贝多芬还亲自弹奏了海顿的《皇帝赞歌》。

5 月 24 日，贝多芬再次出现在音乐会上，他与小提琴家乔治·布里奇托尔一起演奏最新创作的《A 大调第九小提琴奏鸣曲（Op.47）》。这部作品是贝多芬的不朽之作，是贝多芬所有小提琴奏鸣曲中，技巧表达最出色的一首，被誉为浪漫时期小提琴奏鸣曲的顶峰之作。此曲原本是贝多芬写给布里奇托尔，后又改献给布鲁塞尔的小提琴家克莱采，作品也因此名为《克莱采奏鸣曲》。

小提琴家乔治·布里奇托尔久居伦敦，是一名混血儿。布里奇托尔仅 9 岁就展示出惊人才华。1803 年的年初，布里奇托尔来到维也纳，与贝多芬相识，两位音乐家一见如故。贝多芬当时已经在创作这首新的奏鸣曲，二人开始排练这首作品。二人在工作方面的相处十分融洽，布里奇托尔曾经就某一段做了即兴改编，贝多芬听了激动地从键盘前跳起来，拥抱着布里奇托尔说：“再来一遍，孩子。”

这部《第九小提琴奏鸣曲》完成后，贝多芬题献给了布里奇托尔。到了演出的日子，由于时间紧迫，虽然总谱完成了，但第二乐章的小提琴分谱还没来得及写上。5 月 24 日的维也纳音乐会上，布里奇托尔还得从贝多芬的肩头上方，远远地看着总谱上的小提琴部分来演奏。贝多芬则亲自为小提琴伴奏。这次合作演出大获成功，观众们表示了热烈的欢迎。

这首作品一共有三个乐章。第一乐章是稍慢的柔板—急板—柔板—原速，A 大调，含着序奏的奏鸣曲式。开始先由小提琴和钢琴轮流呈现一段 3/4 拍的优美的旋律；随后，钢琴与小提琴交错演奏，情绪逐渐热烈后，渐慢引出小提琴的主题，并转为 A 小调，节奏变为 2/2 拍。主题显得热情而动人，副题则较为抒情，好似一种静静的祈祷。

第二乐章是变奏式的行板，变化多端，F 大调，2/4 拍。主题先由钢琴呈现，然后小提琴加以重复，情绪始终安详而充满柔情。四个主题的变奏融入了许多小提琴与钢琴的演奏技巧，变奏完成后以很慢的慢板华彩移入尾奏，平静地结束。

第三乐章是终曲与急板，A 大调，6/8 拍，奏鸣曲式，主体由活泼的塔兰泰拉舞曲节奏构成，具有非常华丽辉煌的效果。乐章的开始，由钢琴演奏了一个强有力的 A 大调主和弦；随后，小提琴奏出热情的主题，钢琴稍后进入，交错追逐。钢琴左手用三度和弦与小提琴合奏，右手则用上下跳约的八度音为之伴奏，活泼而充满情趣。经过发展与再现主题，全曲在欢乐、辉煌的气氛中结束。

《克莱采奏鸣曲》是最受人欢迎的贝多芬作品之一，整个乐曲中充满欢乐愉快的气氛。其中的第一乐章具有奏鸣曲式的全部因素，而第二乐章则是贝多芬作品中最欢快的乐章，第三乐章的塔兰泰拉舞曲充满了华丽的氛围，显得异彩纷呈。整个乐曲情绪连贯，一气呵成，令人陶醉。

不料演出结束后，众人喝酒庆祝，布里奇托尔在热闹的气氛中，不知是否是喝多了，说话过了头，对旁边一位女士说了辱骂性的话，贝多芬恰好是这位女士的朋友。贝多芬听到这些难听的话，大为光火，在盛怒之下，与布里奇托尔绝交。不过，也有乐评认为，布里奇托尔的演奏过于夸张和矫揉造作。总而言之，贝多芬将封面上布里奇托尔的名字改成了克莱采，作品得以《克莱采奏鸣曲》的名字流传于世。

鲁道夫·克莱采 18 世纪末出色的小提琴家，同时也是作曲家，著有四十二首练习曲和随想曲。他出身于音乐世家，他十八岁时就在音乐会上演奏自己创作的小提琴协奏曲，三十五岁时任巴黎歌剧院首席小提琴，后因手臂骨折改任指挥。从 1795 年起，克莱采任巴黎音乐学院小提琴教授长达三十余年，他也是小提琴法国及比利时学派的奠基人之一。贝多芬在维也纳曾与克莱采有过一面之缘，极为欣赏他，于是把这部已经出版的作品题献给他。有趣的是，克莱采却从未在公开场合演奏过这部作品。不过，时至今日，克莱采的大名已经挂在《第九小提琴奏鸣曲》上二百多年了，成为音乐史上的一段佳话。

贝多芬的灵感源源不断地流出笔尖，变成优美的乐谱。闻风而来的出版商争相抢购贝多芬作品的版权。贝多芬相继出版了第1至3号钢琴奏鸣曲（Op.31），以及全新风格的《普罗米修斯变奏曲》。

维也纳最重要的一个音乐厅名字叫作维恩河畔剧院，剧院经理是埃马努埃尔·席卡内德，曾经靠莫扎特的《魔笛》赚了一大笔钱，他自己写了一部奢华的新歌剧《灶神之火》，希望由贝多芬来写配乐。条件是免费的住所，外加一份丰厚的酬劳。贝多芬同意了，于是在1803年初，贝多芬开始住在这个剧院。贝多芬尝试着为这部配乐写了几页草稿，但是并没有找到灵感，他决定到秋天的时候再开始这项工作。

上一年夏天在海利根施塔特的生活，让贝多芬习惯了温泉浴的感觉，至少这些含硫黄等矿物质的水流改善了他的肠胃问题问题。这一年，他选择的疗养地点奥地利很有名的温泉度假胜地巴登。

“巴登”一词在德语中意为沐浴。在欧洲有三个巴登，也都是很有名的浴场，一个在德国，一个在瑞士，一个在奥地利。奥地利的小城市巴登位于维也纳以南26公里的地方，以这一名词作为城市名称，也是一个优良的沐浴疗养场所，从罗马时期就建造有浴场。

巴登的地理位置优越，在维也纳森林的边缘，环境幽静，风景别致，十分适合疗养，由于临近音乐之都维也纳，许多著名音乐家、文化名流都曾来过这里疗养，莫扎特、舒伯特、约翰·施特劳斯等都是这座小城的常客。最常来这里的是患有风湿病、关节和脊椎受伤以及韧带扭伤的人。

随着名气和财富的显著增加，成功人士往往会交游各地，但贝多芬却是一个例外，他的日常生活仍然保持很单一的状态。他的生活虽然也很丰富，经历了各地的温泉、各处林间小镇，但似乎只是为了音乐和工作。随着年龄的增长，他的音乐创作能力日渐增加，生活内容却越来越刻板。很明显，还是由于耳聋的原因，让他像一个隐士一般孤独生活。

贝多芬由一个性格腼腆的小男孩，变成追求自己梦想的狂热少年，然后成为一个沉浸于幻想中的青年钢琴家，时常陶醉于灵感迸发的即兴演奏中。而到了1803年，他简直成为一个有些怪异的人，平时是彬彬有礼的年轻人，一旦进入音乐的世界，却像着了魔一样。有时候他在树林里散步，脑子里来了灵感，就会沉浸在自己的想法中，废寝忘食，甚至情不自禁地挥舞着双手大叫大喊。他的社交娱乐活动通常是在酒馆里，或者在一些贵族家庭的家里。但他在酒馆里，有时候想起音乐的事情，可能会对着空桌子发呆，思考几个小时，然后就结账走人；有时候，吃饭喝酒完毕，急匆匆离开，钱也忘了给。他有时候在乡村散步，边走边写曲子，一直到太阳落山，看不清路为止；有时候绕着城市快速走路，简直不像在散步。有时他很早就睡了，但梦里也会来灵感，一旦惊醒就要赶紧起来记录自己的想法。

天长日久，贝多芬的笔记本越积越多，看起来到处都是随意乱写的乐谱，而贝多芬只要看到这些草稿，就能想起每一个符号的意义。他喜欢随意乱写，也喜欢草稿。对他来讲，草稿比出版的作品更有意义。

1803 年夏天，贝多芬的主要工作是创作一部宏大的交响曲，以及题献给瓦尔德施泰因伯爵的 C 大调钢琴奏鸣曲。到了 8 月，贝多芬收到一份意外的礼物，法国知名钢琴制造商埃拉尔赠送给他一架精美的钢琴。钢琴令贝多芬喜欢，这也代表着他已经名扬法国。而贝多芬也在考虑把作品题献给拿破仑，去巴黎工作。

这年初秋，交响曲的谱写日趋完成，贝多芬对此自信满满，他认为这是自己迄今为止最好的作品。有一天，他在自己的学生里斯面前试着弹奏了一次。里斯对这部作品印象十分深刻，他回家之后，还念念不已，写道：“我认为，当这部作品演奏的时候，天地都将为之震动。”

有一天，贝多芬的朋友斯特凡·冯·布罗伊宁和德国画家威利波德·约瑟夫·马勒在场，贝多芬试奏了根据《普罗米修斯变奏曲》

写的最后一个乐章，然后又做了两小时的即兴演奏，二人被深深打动。马勒作为画家，尤其注意到贝多芬灵活而又沉稳的双手，他说：“只是那些手指，就完成了一个奇迹。”此后不久，马勒为贝多芬作了一幅肖像画，画中他左手拿琴，伸出右手，似乎要开始指挥演奏。画中突出表现了这一双灵活的手，手掌宽阔有力，手指显得灵活而有力。

1804 年 6 月初，洛布科维茨亲王的管弦乐队成员和贝多芬开始一起排练《波拿巴大交响曲》。这部著名的作品的正式名称是《降 E 大调第三交响曲（Op.55）》，又名《英雄交响曲》。不久前，拿破仑·波拿巴刚刚成为法兰西的国王。

有人据此部作品的主题，还为其中的四个乐章加设了小标题。例如，第一乐章为“一位英雄的死”；第二乐章为“葬礼”；第三乐章为“墓前的休战”；第四乐章为“葬礼的宴会和赞歌”。有人评价道，第一乐章表现了拿破仑的骑马奔驰，他率领军队在埃及的征战历程。

以上故事虽然增加了伟人的传奇色彩，但实际上并没有确切的依据。确实，贝多芬起初是以拿破仑为题赠对象而创作此曲的。总谱在 1804 年春就誊写好了，还曾经由维也纳的法国使馆经手，办理呈献给拿破仑的手续，但不久又没有下文了。在后世留存的交响曲誊写员抄本中，确实曾经划掉了拿破仑的名字，纸张都被划破了一个洞。但后人也发现，在 1804 年夏天，贝多芬交给莱比锡的出版社的乐稿上面，仍然写着“题赠：波拿巴”。

与其说《英雄交响曲》是献给拿破仑的作品，还不如说，“英雄”是贝多芬理想主义的自述。贝多芬的创作过程就是他与自我斗争的过程，创作的内在动力来源于作曲家本人不屈不挠的灵魂和对战胜命运的企盼。通过创作“英雄”，贝多芬也在定义自己，这里的英雄更多指的是全新的自我。即使贝多芬在作曲时，心中存有英雄人物的形象，对于这部作品的创作而言，这位英雄也是抽象的，绝非是单纯对拿破仑形象的描述。

这部作品的首次排练地点是洛布科维茨宫殿，这座宫殿至今尚存，位于维也纳市中心区域。宫殿二层的演奏厅空间不大，而贝多芬的这部降 E 大调的作品，具有极强的爆发力，而且这种爆发力并非来源于声音的大小，而是音乐释放的能量。演奏的过程中，低弦的降 E 音直接去了升 C 音，又在十二个小节之后就转了回来，给人的感觉，就像是轻盈的鸟儿在水面急速飞行。

第一乐章是灿烂的快板，降 E 大调，3/4 拍，奏鸣曲形式。该乐章的开头以两个雄壮的齐奏开头，然后迅速引入宽广的分解和弦大提琴主题，仿佛汹涌而来的洪水一下子冲破了堤坝。其中的第一主题进行速度相当于圆舞曲，却蕴含着充沛的力量，一开始是从容不迫的低沉音调，然后是不协和音、切分节奏，乐队全奏的高潮、广阔的音域，主题贯穿整个乐章。第二主题由两支旋律构成，一个哀怨倾诉，一个宁静缓和。第一乐章的发展部最为突出，与传统的古典交响曲不同，贝多芬大大扩展了发展部的比例，整个发展部就像是一个巨大的战场，充满了挑战与抗衡。主题结束于升 C 音，小提琴发出重复的高音。第一乐章规模宏伟壮观，不仅表现出了巨大而紧张的斗争场面，还体现了英雄丰富的灵魂。在紧张的节奏中，有热烈的斗争、坚强的毅力、冲破一切的勇敢，又有困惑、沉思甚至痛苦的情绪，诸多情绪交织在一起，达到了极强的心理冲突和紧张的戏剧效果。

第二乐章是葬礼进行曲，通常被认为是“英雄之死”，甚慢板，C 小调，2/4 拍。主题有两个部分，都是木管乐器与弦乐器呼应。乐章采用三段体，前后两段是英雄的挽歌，缓慢而庄重，悲剧气氛浓厚，尤其是后一段是全乐章的高潮。其中的赋格段极具表现力，随着音响的逐渐增强，具有强烈的戏剧性效果。结尾主题重现，似乎只剩下碎片，由低音提琴的拨弦配合，木管乐器发出最后的叫喊，乐队的声响渐渐低微下去，好像是送葬的队伍远远而去，英雄与人民永别，悲凉的气氛就像是英雄的挽歌。

这也是贝多芬所创作的作品中，最有影响力的乐章之一，哀伤中充满着感情的张力，由简单主题发展出多种变化，是贝多芬成熟风格的代表。法国著名思想家、文学家和音乐评论家罗曼·罗兰称之为："全人类抬着英雄的灵柩。"

第三乐章是诙谐曲，活泼的快板，降E大调，3/4拍。这一乐章充满朝气，开头的弱奏突然转成特强；主题在双簧管上出现，三声中部有一个军号般的主题，由圆号奏出；最后在鼓声中结束。这是第一部在诙谐曲中使用了三支圆号的交响曲。

这一乐章的作曲方法简洁而细致，感情色彩也有所变化，直接把听众从悲伤的气氛之中带出来，进入激昂的气氛中，主题犹如山谷中的河流奔腾而下。对这一乐章的诠释有两种说法，有人认为是自然春色的复活、乡间欢快的集市，也有人认为这是军营中的日常景象，甚至是勇士们的舞蹈。

第四乐章是终曲，也是甚快板，降E大调，2/4拍，是奏鸣曲式、回旋曲式、变奏曲式的结合体。在终曲中使用变奏曲形式是极不寻常的，其主题来源于贝多芬在1795年间写成的一首乡村舞曲，这支旋律又在后来的芭蕾舞剧《普罗米修斯的生民》和《钢琴变奏曲》中使用过。贝多芬钦佩普罗米修斯的精神，将这一旋律再次作为《英雄交响曲》的结束，也是理所当然的。这一乐章的规模宏大，戏剧性强烈，唯有二十年后贝多芬创作的《第九交响曲》的终乐章能与之媲美。这一乐章的引子是颇具声势的快速乐句，接着弦乐器以拨奏的方式展现出来，把固定低音的主题一个音接着一个音出现。这支固定的低音旋律在以后的变奏中，每一次都具有新的形象，汇聚着更多的激情和力量。在第三变奏中，贝多芬还加进了一支明朗的旋律，这支新加入的旋律与固定的低音旋律一起经历了之后的变奏，愈发宽广，犹如一支庄重肃穆的赞歌。该乐章的形式富有变化，支撑着乐曲的结构，风格从欢畅而热烈，发展到沉静而安宁，再到辉煌灿烂的结尾，展现了英雄波澜壮阔的发展历程。这一乐章是全曲的完美升华。

贝多芬的这部《第三交响曲》是交响曲史上的里程碑。贝多芬本人在创作第一、第二交响曲时，与当时的其他作曲家一样，惯用维也纳传统的交响曲创作模式，在这部作品有了很大突破，革新了体裁，大量减少了以往交响曲中常见的嬉戏风格，加入了很多严肃性，探讨人生哲理，体现了当时的时代特征，音乐形象也独具史诗般的英雄性格。这是欧洲音乐历史中具有重要社会政治意义的题材，第一次进入交响乐这个音乐体裁的领域。交响乐与其他音乐体裁相比，脱颖而出，从规模和内容都成为最适合表现重大题材、最富有哲理的音乐种类。

由于作品时间较长，技巧复杂，演奏的难度也要高一些。贝多芬教会了洛布科维茨家的乐手演奏这部交响曲，这个过程并不轻松。他的听力已经逐渐下降，因此对平衡管乐部分感觉很头疼。不久之后，洛布科维茨亲王搬去波西米亚的夏季行宫，他的管弦乐队随同前往。

在这段时间，贝多芬的灵感空前的爆发，同时写了很多部乐谱的草稿，工作量之大令人震惊。除了前面提到的普罗米修斯和拿破仑，还在创作《灶神之火》的几幕戏，以及另一部歌剧配乐，同时他又修改了《基督在橄榄山上》、三部钢琴奏鸣曲和一部三重协奏曲的草稿。除此之外，他还草拟了一些令人难以捉摸的乐谱雏形，未来几年后，这些雏形将会发展成为贝多芬的《第四钢琴协奏曲》《第五交响曲》和《第六交响曲》。

贝多芬的学生里斯曾经描述道，当他们一起在乡间，贝多芬有时会随着灵感的迸发，一路哼着小曲，似乎没有特定的曲调，声音时大时小，有时甚至自顾自大声叫喊起来，旁若无人。里斯有一次问他哼的是什么，贝多芬回答说："一部奏鸣曲的最后一节快板的主题，我刚才想好了。"这就是后来的《F 小调奏鸣曲（Op.57）》。二人回家后，贝多芬急急忙忙，连帽子也不摘就走到了钢琴旁边，专注地弹奏起来。显然，贝多芬已经进入忘我的境界，里斯不敢打扰，在房间找了个角落坐下。一个小时之后，贝多芬终于站起来了，他一眼看见里斯坐在房间里，感觉非常吃惊，他对这位学生说道："今天不能给你上课了，我还有其他事情要做。"

现在的里斯不仅是贝多芬的学生，也是贝多芬工作上的助理，贝多芬的账目就由他来管理，他还帮着贝多芬监督誊写员的工作、校对乐谱的校样。里斯的工作比想象中的要复杂，既费神又费力，仅《第二交响曲》的第一页，就有将近两千个符号，而这段音乐演奏起来还不到十五秒的时间。在贝多芬的指导下，里斯在音乐方面的潜力也越来越凸显出来。在这年夏天，有一场奥格腾音乐节，贝多芬担任指挥，里斯成功演奏了《第三钢琴协奏曲》。

贝多芬经常为了应付社交而变得烦恼不安。他让卡斯帕作为自己的经纪人，与各式各样的出版商、钢琴制造商、音乐会代理人打交道，还要应付那些仰慕者。

三十多岁的贝多芬也在面临爱情的烦恼。朱列塔·圭恰迪可能对他有好感，不过最终与文策尔·加仑贝格结婚。十几年前，一位歌手毫不客气地拒绝了贝多芬，理由是：贝多芬长得太丑了，看起来像个疯子一样。

现在，贝多芬的学生约瑟芬·戴姆成为单身，因为她的丈夫戴姆伯爵意外去世了。贝多芬一直爱慕着她。

在 1805 年的春天，贝多芬每天都要去看她。他沉浸在恋爱的感觉中，在那个难忘的春天，他给约瑟芬写了浪漫而伤感的情书。贝多芬写道：

啊，我希望，您的心从此为我而跳动——我的心为您而跳动——除非它停止跳动的时候——挚爱的 J.。

不知道是何种原因，贝多芬虽然充满 但信中却使用了敬辞“您”，而不是更为亲密的“你”。

贝多芬的绵绵爱意甚至惊动了约瑟芬的姐 泽，她直言不讳地说：“她应该有所警觉，她跟贝多芬能是什么 ”利赫诺夫斯基亲王也注意到了贝多芬的举动，对此颇为支

可惜的是，这份爱情并没有结出美好的果实。约 位老师足够的敬意，但还是婉拒了他。她回信说：“我对 法用言语来表达。这种爱，是我们灵魂之间的爱。如果您对 也能少一些情欲，那么能够与您相识交往，就是我一生中最美好 回忆。”

这段无疾而终的爱情，在贝多芬的作品歌剧《莱奥诺拉》中还能找到一丝端倪。《莱奥诺拉》用音乐表达了伟大的爱情，题材来源于法国大革命期间的一件历史事实。一个年轻女子莱奥诺拉变装成男孩形象，潜入都兰的一所国家监狱，将丈夫从政治监禁中解救出来。在改编成德语剧本的过程中，故事场景被转移到了17世纪的西班牙。在剧中，莱奥诺拉的丈夫弗罗莱斯坦捍卫真理，却被政敌诬陷，惨遭入狱。这时候，政府上层官员要来监狱视察，政敌担心事情败露，计划提前处决弗罗莱斯坦。莱奥诺拉为了营救丈夫，化名“费德里奥”，混入监狱中；当政敌的刽子手准备处决丈夫时，她挺身而出，拔出手枪和刽子手对峙。紧要关头，城堡上传

来了号角的声音，政府上层的官员到来了，莱奥诺拉和丈夫终于得救了。

贝多芬少有歌剧作品，这部仅有的歌剧却十分成功。他在其中做了有益的尝试，特别强调乐队的作用，即使在声乐部分也是如此，这种创作理念深刻地影响了后人的创作风格。

在贝多芬的内心，耳聋又何尝不是一座无法逃出的监牢。就像弗罗莱斯坦在剧中的独白：

神啊！这里是如此的黑暗！

啊，这里的沉默多么可怕！

贝多芬正处于事业的巅峰时期，却从不忘挑战新的作曲模式。对其中的歌词配乐，他反复修改。对于这部歌剧创作的想法，他足足写满了四个草稿本，其中留给后人的有三百四十六页。

到了 1805 年的 4 月 7 日，贝多芬的《第三交响曲》终于在维恩河畔剧院公开演出。在贝多芬的指挥下，终曲节奏渐缓，三支圆号插入进来，低音弦乐开始加强，普罗米修斯的主题乐奏响了，人们沉浸在奔流而出的音乐之下。

在此之前，拿破仑已经称帝。1804 年底，公民投票通过了共和十二年宪法，法兰西共和国改为法兰西帝国，拿破仑加冕称帝，从教皇庇护七世手上拿过皇冠亲自戴在了自己与妻子约瑟芬的头上，寓意“自己奋斗出的皇位”，从此成为“法国人的皇帝”。

贝多芬无疑对拿破仑称帝的行为颇不赞同，他将这部本计划献给拿破仑的作品，改献给了洛布科维茨亲王，并在出版之前用意大利语写下：“英雄交响曲……为纪念一位伟人而作”。

令人意外的是，这部气势恢宏的《英雄交响曲》，却得到了负面的评价。这部作品过于宏大，许多听众没有耐心听下去，甚至有人毫不客气地抱怨道：“我愿意付一个金币，只要能让这部音乐停下来。”有音乐杂志的记者写道，即使是贝多芬先生最诚挚的粉丝，也会感觉这部作品中充斥了太多华丽而奇怪的内容。不过，针对这部作品的负面评价中，似乎认为无法欣赏这部音乐作品的问题在于听众，而并非作曲家。

贝多芬在音乐上的自信并未动摇。他给这本杂志的老板写信道：“如果你们认为，杂志发表的这类文章能够伤害到我，那你们就错了。”这份自信显然是有根据的。不久，大家似乎理解了这部作品，杂志又刊发了赞扬《英雄交响曲》的文章，编辑不吝赞美之词：所有专家、评论家的声音都是相似的……《英雄交响曲》在迄今为止的所有音乐类型中，最风格独到，最伟大，意义也最深远。

政治形势不可避免地影响了文艺界。1805 年夏天，贝多芬在海岑多夫租了间小屋。他在这里创作《莱奥诺拉》的乐谱，同时热切地思念着约瑟芬·戴姆。到了秋季，乐谱已经完成，初步定在10月15日公开演出，地点是维恩河畔剧院。但是，紧张的政治形势下，这部歌剧被禁止演出了，什么时候解禁尚未可知，一切都要等帝国的审查官来决定；除此之外，歌剧的名字也不得不修改，从《莱奥诺拉》改为《费德里奥》。

演出时间往后推迟，倒不是大问题，贝多芬还要写一首音乐序曲，即《莱奥诺拉第二号序曲》，二十岁的女高音安娜·米尔德担任女主角，有更多的时间排练也不是坏事。不过，改名字让贝多芬有些难以接受，这是因为，“费德里奥”是莱奥诺拉扮成男孩，混入监狱时的自称，意思是“一个忠诚的人”。贝多芬认为，“费德里奥”在剧中是一个假名字，作为这部歌剧的名字不合适。不过，最终这部歌剧还是被命名为《费德里奥》，公演之后，这部剧就成了维也纳的代表作品之一。

10月5日，剧作家修改好了内容，也获得审查官的通过。演出广告也登出来了，《费德里奥》的首演日期定在了11月20日。战争的阴云即将飘到维也纳，贝多芬带领大家紧张地排练，与战争抢时间。紧张的工作中，经常伴随贝多芬的神经性腹泻，极大地影响了他的工作和心情。他的脾气似乎已经难以控制，时不时跟人争吵起来，包括他的学生里斯和洛布科维茨亲王。

这一次，贝多芬的运气不大好。《费德里奥》首演前的一星期，

1805年11月13日，拿破仑率领的法国军队几乎未受到抵抗，先头部队不费吹灰之力就进入了维也纳。贝多芬的音乐事业需要依靠当地的贵族，而这些王宫贵族几乎都逃离了。

在这样的情况下，《费德里奥》首场演出开演了，可想而知，剧院的上座率惨不忍睹，大约只有一半——而且大部分的观众是初来乍到的法国军官，他们不见得有什么音乐素养，可能根本就没听说过贝多芬的名字，甚至根本就听不懂演出中的德语对话和德语歌唱。

初战不利，让贝多芬有些沮丧，接下来的情况愈加糟糕。这并不是说奥地利观众对他的戏剧更有好感。在当地的《弗雷姆特格报》上，有一份简短的评论：

贝多芬最新歌剧《费德里奥》，全名是《费德里奥或夫妇之爱》，没有得到大家的欢迎。这部剧一共只演出了有限的几场，首演之后，剧院几乎就是空座了。这部剧的配乐水平，不管是对于音乐的业余爱好者还是专业人员，简直是远低于预期。

这无疑是贝多芬的职业生涯中，最令人难以接受的失败。贝多芬感觉受到了羞辱。

贝多芬经常反复修改作品，对《费德里奥》这种遭遇到市场失败的作品更是如此，他缩短了这部作品的篇幅，并做了大幅修改，其中不乏优美的乐段，也不得不删减掉了，期望修改后的作品能够获得好的戏剧效果。尽管希望不大，他还是尽最大的努力来恢复“莱奥诺拉”这个名字，并以“莱奥诺拉”为标题，写出来一首新的序曲，即伟大的《莱奥诺拉第三号序曲》。

但挫折接踵而来。修改后的歌剧在1806年的三四月份重新演出，但名字并没有改变，仍然是《费德里奥》，演出的效果仍然很差，观众无法接受。贝多芬灰心失望的情绪可想而知，人们都认为，贝多芬的创作激情肯定大受打击。贝多芬的童年好友埃莱奥诺雷的哥哥斯特凡·冯·布罗伊宁，在写给韦格勒的信中对此描述道：听到这些负面的评论，令贝多芬的创作热情和对音乐作品的感情都消退了不少。

总而言之，1806年可谓多事之秋。这一年，拿破仑战争进行得如火如荼，社会发生剧烈动荡，神圣罗马帝国土崩瓦解。在音乐创作方面，贝多芬对歌剧《费德里奥》进行了大量删节和重新改写，面对排练的不足和几次演出所遭遇的不顺利，甚至和一个剧院经理也闹翻了。如果一个人的意志力稍微薄弱一些，这些沉重的打击和一个又一个的烦恼肯定会让人头晕目眩；但作为一个内心无比坚强的人，越来越多的困难反而引发了他创造力的大爆发。在不断的打击下，贝多芬完成了大量的创作，这些作品风格变化很大，但大部分都在一年内完成。在这多产的季节里，每一部作品都品质卓越，堪称伟大。

《G 大调第四钢琴协奏曲（Op.58）》，这首感情异常柔美而丰富的作品，实际上是从 1805 年开始创作。贝多芬继承了浪漫音乐派的风格特征，跳出了传统的维也纳古典乐派形式，将自己对音乐的独特理解和创新手法巧妙融合在一起，赋予了乐曲全新的特色。在这部作品中，贝多芬开创了一个全新的钢琴协奏曲形式，开篇第一主题的推出，使用了钢琴独奏的方式，而不是传统的乐队演奏方式，旋律十分优美。协奏曲的第一乐章，主题之间和谐的交错着，酝酿出柔美、浪漫的气氛，缓慢的速度让情感如小溪般潺潺流出。随着曲调的改变，进入第二乐章，钢琴和乐队同时演奏的形式给听众的感觉，恰似人与人之间的亲密交谈，钢琴将旋律缓缓引出，使音乐清晰而优美，钢琴的灵活性和乐队的厚重感相辅相成、相得益彰，被诸多音乐家认为是精品佳作。第三乐章开始，在一段不长的赋格之后，有迅速而有趣的调性变换；尾声速度极快，表达出生动的幻想、对美好生活的激情，终曲乐章完美收官。

一直到 1808 年年底，《第四钢琴协奏曲》才公开演出，由贝多芬亲自担任钢琴独奏，这也是他最后一次以独奏家身份上台演出。首演完成后，音乐杂志《环球音乐报》赞美道：该乐曲为贝多芬作为作曲家最独特的作品之一。多年后，许多音乐家都认为这首协奏曲引领了欧洲浪漫主义音乐创作的潮流。

1808年8月,《第四钢琴协奏曲》由艺术和工业署出版，但只是分谱。初版上的标题为:“路德维希·凡·贝多芬为第一和第二小提琴、中提琴、长笛、二双簧管、二单簧管、二圆号、二大管、小号、定音鼓、大提琴和低音提琴而作的第四钢琴协奏曲，尊敬地献给奥地利的鲁道尔夫大公殿下，作品58号，由维也纳的艺术与工业署出版（出版号:592)。”总谱直到1861年才由莱比锡的彼德斯公司首次出版。可惜，这首作品的手稿现在已经遗失。

《D大调小提琴协奏曲（Op.61)》,1806年12月23日在维也纳首演，被认为是所有小提琴协奏曲中最为优秀的一部。开篇就是四声平淡无奇的鼓点，之后出乎意料，居然是一部小提琴协奏曲。作品包括三个乐章：首先是不太快的快板，从定音鼓的五次敲击开头，这个乐章在奇妙的静谧中缓缓行进。第二乐章是小快板，小提琴在装饰音后有一系列美好的变奏，华彩乐段后进入第三乐章。最后的乐章是快板，是一首轻松而又辉煌的回旋曲，包含又一个精彩的华彩乐段，然后辉煌的结尾。

《降B大调第四交响曲（Op.60)》,优雅而精美，作品的终曲是长盛不衰的练习曲目。这首交响曲完成于1806年的九十月期间，首次公开演出是在1807年3月，由奥佩尔斯道尔夫伯爵和他的乐队演奏，演出地点是维也纳的利赫夫诺斯基宫。这部作品有着明朗的风格，充满着诗情画意。创作《第四交响曲》之前，贝多芬正在利赫诺夫斯基亲王的格拉兹夏宫内作客。他与亲王意见不一致，不愿意为一位法国将军和其他几位法国军官演奏，从而与亲王发生了不愉快的争吵。此时，贝多芬的崇拜者奥派尔斯道尔夫伯爵委托其创作了这部《第四交响曲》，付费五百弗罗林，伯爵享有六个月的专用权。

《第四交响曲》共有四个乐章。第一乐章是活泼的快板，引子长而缓慢，由弦乐器在木管乐器的持续音背景上，奏出一个下行的乐句，似乎在探索着什么，整段引子可谓浪漫主义前奏曲的先驱。除了引子外的第一乐章，是欢快的氛围，包含着生机勃勃、充满活力的第一主题，以及纯朴、带有牧歌风味的第二主题，到处洋溢着生命的欢乐，欢乐的情绪不断涌现。第二乐章是抒情的柔板，就像是夏天早晨的原野，有对美好生活的憧憬，也有淡淡的忧伤。第三乐章是活泼的快板，乐章为小步舞曲，但速度很快，情绪饱满，富于诗意和幻想。第四乐章是终曲乐章，充满着喜悦和欢乐，提琴的声音在跳跃，鼓声仿佛在歌唱，仿佛在尽情歌颂青春和生命。

《第四交响曲》的演出获得两极分化的评价，有人认为这部作品有些粗糙，过于随意、琐碎。不久，评论又认为这是一部经典之作。德国作曲家罗伯特·舒曼评论道：这部作品犹如希腊风格，精致而巧妙。《第四交响曲》的气质美妙优雅而又轻松活泼，这种气质在后世舒曼的器乐风格里一直得到沿用。

《C 小调科里奥兰序曲（Op.62）》，这首序曲是奏鸣曲式。科里奥兰是公元前 5 世纪的罗马贵族，伟大的英国戏剧作家莎士比亚曾根据作家普鲁塔克的一部作品的情节，创作了悲剧《科里奥兰》，后来维也纳戏剧作家、诗人柯林将它改编为同名的五幕悲剧。科里奥兰曾经领导罗马人战胜了邻邦沃尔辛人，后来却嘲弄、凌辱罗马平民，引起民愤，罗马元老院判处其终身流放。不料科里奥兰个性傲慢，他没有吸取教训，反而背叛祖国，投奔沃尔辛国王，后率领军队反过来打回罗马。罗马派人劝说无效，科里奥兰的母亲、妻子和小儿子在他面前哭着劝说，终于触动了他的心灵。科里奥兰心情挣扎着，复杂而矛盾，最终他选择了更崇高的内心，放弃了复仇，也放弃了自己的生命。在莎士比亚的悲剧中，科里奥兰由于放弃了指挥权而被谋害，而在柯林的改编剧本中，他则是自杀。

贝多芬能够深刻理解科里奥兰傲慢的性格、坚定的意志，以及炽热的情感。贝多芬喜欢崇高的题材，以表达人类最浓厚的感情。贝多芬创作期间，正值法国军队占领维也纳，他心中更能够理解科里奥兰围困罗马城的情景。因此，贝多芬对柯林对此改编的歌剧非常感兴趣，决定为它写一首序曲。本曲于 1807 年完成，并于当年的 4 月 24 日首演。

这部歌剧的高潮是科里奥兰在最后时刻的心理斗争，贝多芬的序曲也强调表现了这种内心冲突，并采用最善于表达戏剧冲突的奏鸣曲式写成。作品的开始是焦躁不安的情绪，似乎代表着科里奥兰本人傲慢的性格；接着是一个柔美的主题，可以理解为科里奥兰亲人们的乞求；在发展部，表现了主人公内心的犹疑不决、内心的矛盾和最终的自我毁灭；在乐曲的结尾，则重归于寂静之中。

《热情奏鸣曲（Op.57）》，原本的曲名是《第二十三钢琴奏鸣曲（Op.57）》（献给弗朗茨·冯·布龙斯维克伯爵），“热情”的名称是汉堡出版商克郎茨起的，这一名称准确地表现了作品的本质特点，因此一直沿用下来。这首作品的灵感来源于贝多芬夏季在乡村漫步的经历。《热情奏鸣曲》创作于1804—1806年，贝多芬题献给了匈牙利贵族弗朗茨·冯·布龙斯维克伯爵。伯爵是他的热情崇拜者，爱好音乐，擅长大提琴的演奏；伯爵夫人则是一位优秀的钢琴家，二人对贝多芬的音乐天才和创作精神非常了解，他们从1799年开始就有亲密的来往。

《热情奏鸣曲》是贝多芬中期奏鸣曲创作中的代表性杰作，也是整个钢琴音乐史中最经典的作品之一。这部作品规模宏伟、气势磅礴，表达了高度奋发的热情和热烈紧张的内容，反映了贝多芬内在的感情狂澜以及对时代的感触和认识。在形式上，《热情奏鸣曲》表现了贝多芬的独创精神，创作手法灵活而自然，在喷薄而出的情感下，音乐形式严整、纯洁，音乐语汇朴素、简洁而精确，作品的终曲就像是具有无穷无尽的动力。著名作家罗曼·罗兰曾经称赞道：这部作品就如同巨流在花岗石的河道里，如火焰般流淌。

《为钢琴而作的32首C小调变奏曲》，具有独特的个人风格。贝多芬从1802年起，创作的变奏曲多采用自己原创的主题，而且在手法上更加独特娴熟，《为钢琴而作的32首C小调变奏曲》就是典型的例子。这首作品融合了许多技术难点，如同音反复和快速连音的弹奏、分解琶音、和弦、八度以及双三度，每个变奏之间既有独特的个性又融合统一，作曲家把主题作为灵感，从中引申出与主题有关的联想。

贝多芬一生共写过37首独立的变奏曲，其中大部分属于他的早期作品。他的创作生涯就是以一首钢琴变奏曲开始，最后一首钢琴作品也是变奏曲，即使变奏曲不如他的奏鸣曲和交响乐那么重要，但仍显示出它有不可忽视的地位。这些变奏曲显露出贝多芬自己的个性特点，贝多芬正是在变奏曲（而不是奏鸣曲）中首先进行了尾声的创意性改革，这成为贝多芬钢琴创作中的典型特点。

《拉祖莫夫斯基四重奏》，三首一组，是贝多芬受俄国驻维也纳大使安德烈亚斯·拉祖莫夫斯基伯爵委托创作的。这首作品的创作始于1806年春天，贝多芬花了半年的时间完成。当时贝多芬刚完成《英雄交响曲》，进入了一个全新的创作时期，彻底摆脱了传统的束缚。这组弦乐四重奏，也带有明显的创新意味，曲式与结构都有明显的个性特色。伯爵的乐手们看到这些离经叛道的创新手法，心中难以理解，甚至以为这是贝多芬在玩笑。一位演奏家直接问道：“您一定不会把这些东西作为音乐的，是吗？”贝多芬自信地回答：“这确实是音乐，但它不是为你而作，是为未来而创作的。”贝多芬在波恩就认识的旧同事伯恩哈德·龙贝格发现，这首四重奏竟然要求他在大提琴的一根弦上，奏出类似鼓声的咚咚声，也表示难以接受。

《拉祖莫夫斯基四重奏》的第一乐章是快板，由大提琴奏出一个强劲有力的主题，然后是其他乐器一个个加入进来，不断聚集的能量，给人带来一种激昂奋斗的感觉。与《英雄交响曲》类似，这一乐章拥有长而复杂的发展部，经过延展处理的尾声，呈现出喜悦的氛围。第二乐章是活泼的小快板，采用了一种扩大的三段式结构，接近奏鸣曲。这个乐章使用了一个音符，简单的节奏变化就构成了一个主题，这是从未有过的大胆创新，正是这一点让伯爵的乐手们感觉疯狂。这里体现了贝多芬的过人之处：把一个简单的音符演变成一整段旋律或者和声。第三乐章是忧伤的慢板，氛围阴暗而低沉，有《英雄交响曲》第二乐章的神韵，又多了几分忧伤与悲壮。第四乐章是快板，贝多芬尊重拉祖莫夫斯基伯爵的意愿，终曲乐章的主题使用了一段俄罗斯民歌的旋律，曲式结构和创作手法依然保持优秀的水准，但主题风格较为轻快，与前三个乐章形成鲜明的对比。

有音乐评论家说，有的音乐家在自己的作品中很理智，在日常生活中却不见得，贝多芬就是这样的典型。从创作《英雄交响曲》开始，贝多芬可以完全控制自己的音乐水准，但他无法控制自己的社交行为。与亲戚朋友相处的时候，经常会争吵起来，尤其是卡斯帕和约翰，简直要到了打起来的程度，贝多芬经常会有情绪激烈的长篇大论，让人无法理解。他与几个赞助人朋友也处于闹翻的边缘：有一次，贝多芬情绪无法控制，想把椅子向利赫诺夫斯基亲王身上砸过去；又有一次，他在洛布科维茨亲王的宫殿大叫起来："洛布科维茨是头驴子！"他的行为就像是大街上的疯子。

贝多芬的社交生活，简直到了一团糟的程度，他有时候认为，给他服务的人，都是一心想要贪图钱财的骗子。有一次排练的时候，管弦乐队成员只不过弄乱了乐谱，贝多芬就指责他"故意"这么做。而对于那些生意场上出钱的客户，贝多芬也认为他们大多是不说实话的人，这些人包括音乐作品的出版商、专利服务商、音乐会的经理或代理人。例如，《费德里奥》已经演了五场，并没有多少观众，剧院因此很可能亏钱，贝多芬似乎无法理解自己要为此负责任，因为出问题的一定是维恩河畔剧院的经理布劳恩，指责这个人虽然外表是一个绅士，但实际上是一个骗子。不过，贝多芬怀疑别人的时候，却往往花钱又很大方。

在生活中的某些事情上，贝多芬的行为已经走向极端，在别人看起来，就像一个偏执狂。在《拉祖莫夫斯基四重奏》的曲谱中，他匆匆写了这么一句注解：“在我兄弟的坟墓上，生长着一棵柳树或金合欢树，树木在哭泣。”这句话代表着贝多芬当时的情绪，蕴含着一个悲伤的故事。在伤感的乐章背后，可能隐藏着一个别人眼中的自恋狂。当时，他的兄弟卡斯帕·凡·贝多芬已经三十二岁了，准备与约翰娜·赖斯结婚。二人是奉子成婚，约翰娜的家庭是维也纳的中产阶级，年方十九，已经怀孕五个月。不知道是什么原因，贝多芬认为这个婚姻有问题，约翰娜以后将是自己家族的威胁。1806年9月4日，小卡尔出生了，贝多芬惩罚了自己的弟弟，解除了他的家族权力，卡斯帕以后将不能代表自己处理事务。

1806年圣诞节前夕，贝多芬在维也纳公开演出了一部小提琴奏鸣曲，之后又创作出一部又一部的作品，规模宏大，其中不乏慷慨激昂的气质，是英雄主义贝多芬的最佳注解。斯特凡·冯·布罗伊宁曾经担忧《拉祖莫夫斯基四重奏》的气质过于忧伤，他对贝多芬充满信心地写道：“您现在的事业还只是开了个头……”，贝多芬的音乐中“声音令人沉醉，充满了力量、深度和荣耀，就像是能量充沛的金色河流”。这些评价作为贝多芬1808年继续写作的音乐，简直是最贴切的描述。这些作品流传了两百多年，即使在今天的古典音乐评论文章、电台和网站上，也到处可以看到贝多芬的身影，除了大众熟知的《第五交响曲》《皇帝协奏曲》《克里奥兰序曲》《莱奥诺拉第一号序曲》和《合唱幻想曲》，还有人们不一定熟悉的《大提琴奏鸣曲（Op.69）》《鬼魂钢琴三重奏》《降E大调钢琴三重奏（Op.70）》和《C大调弥撒曲》。

其中的《C大调弥撒曲》尽管不经常出现在大众视野中，但水准很高，音乐谧静而优雅，不过，尼古劳斯·艾什泰哈齐亲王并不喜欢这首弥撒曲。此外，由于贝多芬的不礼貌行为，利赫诺夫斯基亲王正在计划停止向他提供年薪。但是，由于贝多芬的音乐创作数量不小，而且一如既往地维持着高水准的质量，他这几年的事业一直处于极好的状态。

贝多芬信任的经理人是伊格纳茨·冯·格莱兴施泰因男爵，在他看来，音乐作品的产出速度很快，款项入账的速度更快。贝多芬正在创作《第四交响曲》和《第五交响曲》的时候，奥珀多夫伯爵还没听到任何一段音乐，就直接付款一千达克特；伦敦的出版商穆西奥·克莱门蒂为了取得贝多芬一部分作品的英国出版权，付款两百六十英镑，约合当时的两千六百弗罗林；而这些作品在维也纳又卖出了一千五百弗罗林。

在1808年底，贝多芬声称打算离开奥地利。倒不是说贝多芬已经做好计划一定要到别处工作和生活，而是因为他认为自己作为正值中年创作高峰期的音乐家，应该有一个挂职的待遇。这几年，随着法国大革命和拿破仑的攻城略地，欧洲一片混乱。海顿虽然还活着，却已经年老，音乐方面的创作力也大不如前了，只有贝多芬还保持着相当的影响力。大多数人应该意识到，德国音乐界的未来，要靠贝多芬来支撑。

贝多芬首先写了一份请愿书，送给维也纳帝国宫廷剧院的理事会，请愿书中要求剧院聘请他为驻剧院的作曲家，每年的薪水为两千四百弗罗林。请愿书是以第三人称写就，语气中自信十足：

这封信的署名人能够自豪地宣称，他在维也纳居住至今，早已得到国内外的喜欢和尊重。但是，他还要处理各种生活中繁琐的麻烦事。一直到现在，他也没有在这里得到一个适合的位置。他的愿望是为了艺术而生活，却无法满足……

至于他对音乐事业的追求，不仅仅是为了自己的生活富足，而是为了提高大众的艺术品位，同时让自己的音乐事业更上一层楼，趋于完美的境界。在目前的情况下，这封信的署名人不仅向缪斯女神牺牲了物质上的利益，也牺牲了自己的大才优势。

缪斯女神是希腊神话中主司艺术与科学的九位古老文艺女神的总称。贝多芬自信认为自己对缪斯女神问心无愧，但遗憾的是，维也纳帝国宫廷剧院的理事会却没有回应贝多芬的请愿书。恰在这时，威斯特法尼亚的新国王、拿破仑的弟弟热罗姆·波拿巴发出邀请，请贝多芬在卡塞尔担任兼职的乐长，薪水是六百达克特，此外还附加不少福利。贝多芬利用这个邀请，提醒维也纳的音乐界：假如维也纳留不住贝多芬，他随时可能会到国外去。

维也纳开始传闻贝多芬在考虑去北方当乐长的消息，贝多芬对此不置可否，而是全力投入一场新的音乐会。音乐会计划在维恩河畔剧院举办，时间是 1808 年 12 月 22 日，星期四。在贝多芬的期望里，这是一场诠释“天才”的音乐会。贝多芬对大家说：在这场音乐会中，所有的曲目都是全新的音乐，从未公开演出过。不过，此前他在洛布科维茨的宫殿里，曾经公开演奏过其中的《第四钢琴协奏曲》。

维恩河畔剧院是让贝多芬免费使用的，为此，他需要先在 11 月 15 日的一场募捐演奏会上，作为管弦乐队的指挥出场。不料，根据后世有限的记录，不清楚是在排练或者是演出时，贝多芬可能碰倒了一个大的烛台，撞到了合唱队的一个男孩。贝多芬的行为使人感觉傲慢，乐队的大部分乐手因此对他有很大的意见。一个多月之后就是贝多芬规划的盛大演出了，这似乎是个不好的预兆。

12 月 22 日晚上的演奏会，计划持续四个小时。第一部分有《F 大调第五交响曲》，又称《乡村生活的回忆》或《田园交响曲》；然后是女高音演唱的咏叹调《啊！负心人！》，这首咏叹调来源于《C大调弥撒曲》中的赞美诗；随后是贝多芬独奏的协奏曲。安排在幕间休息之后的是《C小调第六交响曲》，弥撒曲中的《圣哉经》以及贝多芬的即兴钢琴独奏表演。音乐会的高潮部分，是一首钢琴幻想曲，以管弦乐队的逐渐登场开始，终曲引入合唱结束。

其中，《田园交响曲》后来因为完成的时间顺序，编号变为《第六交响曲》。在1808年的时候，贝多芬把这部作品看作同《英雄交响曲》一般，他急切地想听到其中的三支长号和短笛的声音，在管弦乐队中，这必将爆发出欢快的音调，比六只定音鼓的声音还要丰富。

期望总是美好的，但演奏会的结果却令人失望。演奏会效果很一般，也没有什么热度。高音演唱的歌手只是一个替补，看起来很不自信，原因是贝多芬与原计划的独唱歌手闹翻了，合唱队和管弦乐队明显不够熟练，可能是因为排练时间不够。也可能是贝多芬因为耳聋的制约，现场音乐给人的感觉是缺乏动态对比。音乐作家约翰·赖夏特曾经评价道：“好东西见得太多，人们很容易感觉乏味；对于声音太大的东西就更容易厌倦了。”

演奏会进行了三个半小时之后，是贝多芬独奏《合唱幻想曲（Op.80）》的序曲。有人说，剧院管弦乐队的乐手，还没有听众熟悉这段音乐。这部作品的不少内容是刚刚写完的。剧院的一位演奏人员甚至说道：乐谱上的一些声部，墨迹未干。

种种原因导致了必然的灾难。演奏进展到中途，贝多芬不得不喊停，从头开始演奏，意图挽救这不和谐的音乐。

第五章　永生恋人

1809 年 1 月，贝多芬三十九岁了，拿破仑·波拿巴的幼弟热罗姆·波拿巴提供给他一份卡塞尔宫廷的职位，贝多芬接受了。周围的朋友全都觉得这一决定不可理解，毕竟维也纳是世界级的音乐都市，而卡塞尔只是一个地方性的首府城市。到那里去，意味着贝多芬在维也纳十五年时间里，所有的人脉关系和生意上的信誉都放弃了。

不过，也许贝多芬对于 1809 年新年搬家的想法也只是说说而已，当不得真。贝多芬的真实想法我们无从得知，但在这时举办的音乐会，同城的音乐界知名人士都参加了，其中包括包厢里的洛布科维茨亲王，以及当时的钢琴神童伊格纳茨·莫舍勒斯。《费德里奥》不能算成功，但贝多芬的名声并未受损，人们一如既往地称赞他是伟大的器乐作曲家。从 1805 年开始，大部分的贝多芬作品都是好评如潮，只有《C 大调弥撒曲》和《拉祖莫夫斯基四重奏》算是例外，人们接受它们还需要一些时间。

这一时期是贝多芬的作品多产期。在整个 1808 年，贝多芬在维也纳举行了至少三十二场公开的演奏会，与此同时，海顿只举办了五场演奏会，莫扎特的演奏会只有两场。贝多芬比较引人注目的新作是气势宏伟的《第五交响曲》，以及描述维也纳乡村美景的《第六交响曲》。

在这一时期，贝多芬的经济也出了问题。贝多芬在作品《费德里奥》上投入了不少心血和金钱，利赫诺夫斯基亲王近年来也极少资助，克莱门蒂和奥珀多夫伯爵的欠账短期内也无法了结。贝多芬的音乐会投入甚多，光是演出人员就有至少四位独唱歌手、整支的合唱队，以及规模庞大的管弦乐队。而根据当时的记录，天气不好，上座率不高，可想而知，门票收入也好不到哪里去。

身为作曲家，贝多芬的财务困境，部分原因是自己的判断失误，另外部分原因则是纯粹的运气不好。再加上维也纳银弗罗林的贬值，贝多芬的财富更加缩水了。货币的贬值，与战争对经济的大量消耗有关，每个奥地利人都受到了影响，有的甚至生活困难。贝多芬和他的助理逐渐发现，与音乐赞助人、出版商谈价格越来越难，对方付款的时间也一推再推。

贝多芬那种对自我价值的认可让他停止了讲价，转而开始威吓别人。在一封他确定出版社将会把内容公之于众的信中，明确指出他将要去卡塞尔“担任乐长职务，并且每年将获得六百达克特金币的工资”。一旦热罗姆国王的正式任命书到达，他就会立刻收拾行李，前去上任。然后，他又巧妙地对自己的形象进行了维护：

或许人们可以在《音乐报》等地看到一些有关我新近音乐会的恶意文章。当然，我也不希望这些恶意文章被压制下去。但人们应该时刻牢记，我在维也纳私人仇家的数量是任何人都不能比的。而在当今，音乐的发展每况愈下，这种恶意攻击就更容易理解了。

接下来，他在信中承认《合唱幻想曲》的演奏“在世上最简单、最平常的地方”中断了，为此“我立即叫停了他们，并大声喊‘从头再来’——对他们来说，以前还从没发生过这样的事情”。但是整座城市都控制在像安东尼奥·萨列里这样的人手里，对此你无能为力，他毕竟是国王手底下极端保守派的乐师。

贝多芬想要表达的意思已经十分明显了：只有他才是维也纳音乐的“救世主”，只有他才能使维也纳的音乐不因战乱和意大利歌剧泛滥而变得衰弱。但他已经不想再赤手空拳地“迎敌”了。如果他们不能给他一定的地位和影响力，他就要带着自己的天赋到别处去了。

这封信被寄送到莱比锡之前，贝多芬又非常认真地在信封的背面写上了他想传播的核心内容：

在这里，我希望在我接下来写的信中，告诉你们我收到任命函之前，对于在威斯特法尼亚任职这件事情请不要发表任何绝对的言论。

贝多芬是克鲁格街伯爵夫人安娜·玛丽亚·埃尔德迪最上心的崇拜对象之一，当时他正住在这位崇拜者的一栋房子里，碰巧这栋房子就在利赫诺夫斯基新公寓的下面。有这样一个情景是大多数传记写手很容易想到：这封等待被送出的信被倒扣在大厅里的银质托盘下面，与此同时，埃尔德迪伯爵夫人立马疯狂地做出一些动作，想要把贝多芬留下来。这位夫人联系冯·格莱兴施泰因一起去找了当地最有钱的几位赞助人，准备制定一套方案让贝多芬既能顺利留下又能把年薪做到连威斯特法尼亚国王也无法承受的一个数目。

当今人们总流行称贝多芬为“英雄”和“天才”，但他长期与耳聋的战斗，他耗费精力，耐心为“做一个完美的作品”的战斗，就像叶芝选择把艺术当作生活，他勇于挑战的精神又足以媲美弥尔顿与失明的战斗，也可以与让·穆兰对法国维希政府的战斗相比较。如果贝多芬对音乐的创造和理解达不到我们称之为“天才”程度，我们也有必要再创造出新的高度概括词来定义他。1795 年贝多芬避开了美好的生活，某些贵族又被他大胆地称作“驴”和“笨猪”，下面是体现贝多芬自由独立的一些实例。

梅纳德·所罗门指出：“贝多芬一直都不是资产阶级价值观念的拥护者”，英国社会学家蒂亚·德诺拉特别认可这种说法。冯·布劳恩伯爵建议贝多芬《费德里奥》这部作品需要写得更符合大众的口味，而贝多芬则坚定地告诉伯爵：“从不为平庸的人写作。”贝多芬这么说的目的可能是想更多地展现自己和听众之间那种相互依附的关系。这些听众是一些名门望族，是地道的维也纳富人。他们之间相互依存无非就是贝多芬需要那些教养优良的富人手中的钱和私人音乐厅，而富人则需要他带来更高品质、更有价值的生活。贝多芬的赞助家们既不是暴发户，也不是像约瑟夫国王一样的左派人物。但在约瑟夫去世之后，他们几乎所有人都走向了右派，并在拿破仑主义的威慑中苦苦挣扎。

利赫诺夫斯基、洛布科维茨、拉祖莫夫斯基、埃尔德迪、布劳恩以及布朗家族里的那些成员，“迷人又美丽的”朱列塔和高贵得让人生畏的约瑟芬，和善高贵的施瓦岑贝格亲王和金斯基亲王，另外还有很多其他贵族，从安东·奥波尼伯爵到出身极其高贵的冯·兹梅什卡尔先生，这些人才是贝多芬真正要为之创作、获取利益以及用文字嘲笑的对象，同时他们也沐浴在贝多芬机智灵活大脑不断创造出的奉承话里面如沐春风。而对于贝多芬在这种相互依存的关系里，他实现了一些社会名流渴望身边有一个和自己有很大区别的人的理想，甚至在他侮辱他们的时候，表现得像个无赖，像个低情商的傻瓜的时候，把口水吐在他们镀金的镜子上的时候，对于这些社会名流来说，如此一个天才，一个生性散漫有别于海顿拘谨克制的怪人，一个追求高品质作品的艺术创作者，能够极大地满足他们的虚荣心。

贝多芬和他的听众相互依存，并不是因为这些权贵是以外行爱好者的身份资助贝多芬，贝多芬也不会只为了敷衍、为了钱去演出，而是真真实实的演出。在这些听众里，也有很多老练的演奏者。比如说利赫诺夫斯基公主，和自己丈夫同为莫扎特的徒弟，她大致看一下《费德里奥》就能找出里面存在的问题；莫里茨·利赫诺夫斯基伯爵在钢琴方面也很有造诣，后来和肖邦成为了好朋友；洛布科维茨亲王集男低音与弦乐演奏为一身；拉祖莫夫斯基常常喜欢自己写四重奏并以第二提琴手的身份进行演奏；兹梅什卡尔精通大提琴的演奏；埃特曼男爵夫人的钢琴也和其他优秀钢琴家一样，在全欧洲处于领先水平。贝多芬写的任何曲，她都能轻松驾驭，比如极其具有挑战性的《瓦尔德施泰因奏鸣曲》。贝多芬还有很多其他领域的人脉，例如剧作家、藏书家、舞台制作人和作曲家。令人惊讶的是，老一代的凡·斯威特恩男爵也曾在年轻气息曲调的交响曲里写出了十二部作品。海顿曾开玩笑地说这些交响曲和他本人一样死板。

1793年，这位男爵指引着这个内夫和瓦尔德施泰因认定的天才音乐家——贝多芬走上了通向成功的路。他督促贝多芬学习赋格（复调乐曲的一种形式），并且将他留宿在自己的宫殿中，他的家在当时是城中群英荟萃之地。他不仅掌管着帝国的图书馆和奥地利教育部门，而且还创建了一个成员全为贵族的艺术资助团体——骑士联合会（Gesellschaft der a ssociierten Cavaliere，简称为GAC），这让人想起了那场曾在波恩让贝多芬运势大增的读书会。

在维也纳，贝多芬所有的支持者几乎都来自骑士联合会。他们在保护和演奏过去优秀音乐的同时也鼓励着当时音乐的发展，并且希望能够激励后人。

当然，贝多芬的支持者们也得到了贝多芬的尊重。他每一部新作都会认真地考虑题献人，在这方面的努力程度不亚于他对于调性和速度指示的考虑。贝多芬从来不允许自己被“收买”，这一点与莫扎特和海顿都有所不同。

让人觉得奇怪的是他与维也纳音乐界核心阶层的关系如此友好，他却以“接受”热罗姆·波拿巴的任职邀请来威胁这一关系。之所以会这样，很大一部分原因是他的财务困难所造成的。况且当下时局不稳，更可怕的是，奥地利决心单方面撕毁《提尔西特条约》，做好了与法国再来一仗的准备，战争一触即发。一旦拿破仑再次入侵，弗罗林币的稳定性就更加不能保障，真正到了那个时候，连亲王们的资产安全都得不到保障。骑士联合会主导的宫廷剧院理事会拒绝给他津贴的事情已经是个不祥的预兆了。

贝多芬对自己过于自信，他认为他的赞助人如今对他态度的转变是由于他们认为他现在岁数大了，经常生病，况且听力不好，一定会拒绝这个在国外的职务。如果真的是这样的话，那么埃尔德迪伯爵夫人足以让他们醒悟了。经过三位很高地位贵族的商量，他们给了贝多芬年薪四千弗罗林的高工资，但他必须要承诺终生不得离开奥地利。

合同于 1809 年 3 月 1 日拟定，合同上保证只要他同意不离开奥地利，就为他提供这样的条件，让他余生不必为生活担忧，也有足够大的舞台让他施展才华。这一合同让一位艺术家在社会上的地位变得极高，这也是音乐史上从未出现过的。拿到这份他期待已久的合同后，再加上他对热罗姆·波拿巴的拒绝，这些都让贝多芬在情绪上获得了极大的满足。

他在给格莱兴施泰因的回信中写道：

我能够继续留在这里对我来说是一件多么荣耀的事啊，您从我附上的这份文件中就可以看出我此刻的心情……现在我需要您帮我找个妻子。您现在在弗莱堡，您可以在那里帮我找一个能听得懂我的音乐的漂亮姑娘。

让贝多芬感受到兴奋的远不止这么多，鲁道夫大公作为皇帝最小的弟弟，竟然亲自将这份合约的副本交给他，这让他十分高兴。当然，鲁道夫也是这份合约的签署人之一，他每年要为贝多芬付出一千五百弗罗林，另外两个签署人是洛布科维茨亲王和金斯基亲王，他们每年分别为贝多芬付出七百弗罗林和一千八百弗罗林。能够让哈布斯堡家族的成员签署并亲自为他送来这份合约，在贝多芬看来这就相当于皇帝的任命。即便贝多芬已被公认为天才，但他作为乐长还是十分渴望得到宫廷的恩宠。

鲁道夫大公二十一岁时就和贝多芬认识了，贝多芬做了他一年的钢琴老师。他在音乐方面十分有天赋，对音乐很敏感，强大的键盘操控能力让他能够轻松地弹奏贝多芬的大部分鸣奏曲，他还想向作曲方向发展。虽然他与贝多芬的关系有些别扭，但却丝毫不影响他与贝多芬的亲密无间。

贝多芬将一首即将完成的《第五钢琴协奏曲》给大公练习，当作是答谢他的慷慨之举。从未有人将协奏曲写这么长，这么难，所以对大公来说这是一个多方面的挑战。贝多芬表示自己不会在公开场合演奏它。1808 年 12 月，贝多芬参与了《合唱幻想曲》的演奏，这是他最后一次作为独奏管弦乐队共同表演。这部选用降 E 大调的协奏曲能够精确满足年薪合约的希望，那就是“创作出崇高的、使艺术得以升华的重量级作品”。

《第五钢协奏曲》这部曲子同样也表现了贝多芬在创作思想上的一个怪癖：在一部重要的作品之后总有一部与之对立的反面作品。例如充满雄性气息的《普罗米修斯变奏曲》之后与之对立的女性气质的《变奏曲（Op.35）》；充满胜利气息的《英雄交响曲》与随后创作的毫无英雄气概的《第四交响曲》；同样还有乐章丰富的《瓦尔德施泰因奏鸣曲》衍生出这个只有两个紧凑乐章的《F 大调奏鸣曲（Op.54）》；还有慷慨激昂的《第五交响曲》，也被《田园交响曲》里溪流的叮咚声和鸟儿的鸣唱声给平息了下来。如今的《第五钢琴协奏曲》也是这样被一首完美无缺的《第四钢琴协奏曲》孕育了出来，它用嘹亮的号角声给听众带来一场力量上的震撼。虽然这部作品献给了鲁道夫大公，但是它不可避免地被人们称为“皇帝”。

此外，还有另外一部即将面世的作品，它宣告了贝多芬“英雄主义”风格的结束。一些旋律更加奢华宏大的作品将在他的创作风格发生转变之前出现。但他们都缺少像《皇帝交响曲》这样能够爆发出一种征服一切的力量的作品，这种独奏和合奏是其他作品所望尘莫及的。可能是因为怪癖的不断发酵，贝多芬在这些作品的结尾显得极其疲惫，随着鼓声拍拍下降，这种崩塌式的演奏如同缓慢坠入谷底，并慢慢凝固。最后，他用一个告别的华丽乐段以及小号结束了这场演奏。

1809 年 5 月的最后一天，海顿去世。贝多芬听说了这个消息，对此他并没有发表任何公开或私人言论。不过他曾在一次《创世纪》的致敬演奏会上含泪拥抱并亲吻了“海顿老爹”，这被后人当作他们和解的标志。他们是师徒，却相爱相杀，二人互相嫉妒又互相学习，互相促进。所以那次的拥抱被某些人看作是艺术的传承，但是贝多芬当时在音乐上的造诣已经远超海顿。

所以，他用“Le-be-wohl！”（再—见—了！）的音节当作三个起始音，创作了后来人们所熟知的《告别奏鸣曲（Op.81a）》。但这首以离别为主题的钢琴奏鸣曲，贝多芬所表达的主体并不是他的老师海顿，而是他那具有超高音乐才华的学生——鲁道夫。这首曲子充满朝气，热情澎湃，却显得笨拙，同时又交融着忧愁不舍的乐章，是贝多芬饱含深情的音乐风格的体现。贝多芬热衷于把乐符立体式的表达给听众，他模拟远近不一的号子声，这些抽象的声音在宽阔的大厅里来回游荡，这也是贝多芬在第一乐章的结尾留下的秘密乐段。

那年夏天，贝多芬有了第一位来自巴黎的崇拜者，这些还要得益于法军的占领，这位拿破仑委员会里资历尚浅的委员——路易·菲利普·德维耶内，在沃尔菲舍街的寓所发现了独居的贝多芬，当时的情况看起来非常糟糕：

这可能是世界上最脏最烂的地方：潮湿让天花板布满霉斑；老旧的钢琴，布满灰尘的房间，印刷的手写的乐稿乱七八糟堆放在一起；在钢琴的下面还有一只没倒空的尿壶（这是事实）；尿壶旁边是一张核桃木小桌子，写字台被撞到在地，桌子上的笔因为墨渍凝固，而变成了坚硬的壳……除了这些脏乱的东西之外还有其他很多音乐作品。而房间里面的藤椅上面堆满了前天晚餐吃完后剩下的各种餐盘子，还堆了一些衣服，一切都是那么乱糟糟。

尿壶和盘子可能是因为贝多芬的女佣刚好在休假，但多年后其他的崇拜者也都会提到贝多芬的公寓确实非常糟糕——肮脏、破旧、潦倒、狼狈。

而这时，德维耶内对贝多芬深深着迷，他似乎对贝多芬的所有作品无所不知，贝多芬也邀请其常来拜访。有一天，他为德维耶内演奏了一场专人演奏会。后来，德维耶内就这些经历曾写下这样一段话："只能这样说，除非让贝多芬在极佳的状态下进行即兴表演，不然没有人可以理解这位天才的创作水平。"

7 月初，拿破仑在瓦格拉姆打赢了一场战役，这场战役也被后人认为是最血腥的战斗，双方死伤非常惨重，残酷的战争让两个国家的人民都非常渴望和平。但直到 10 月 14 日在美泉宫签署和平协定之后，法国才结束对维也纳的占领。对贝多芬而言，这无疑是一段非常痛苦的时期。很多高贵的朋友也因为战争离开了维也纳，但贝多芬仍然像往常一样努力地为音乐工作，在这期间他创作出了三部钢琴奏鸣、一部弦乐四重奏，还有一些普通的作品，除此之外还有十五首歌曲和一本专门为鲁道夫写的对位法练习书。

直到 11 月 20 日，最后一批法国军队终于全部撤走，留给维也纳的是急速下滑的经济。和平协议里的条款是这样的：弗兰茨一世要交出战争赔款高达八千五百万法郎，这样的条款也让弗兰茨失去了沿海领域的所有收入和自己国家三百五十万民众的忠心。当时斯特凡·冯·布罗伊宁在战争部当秘书，贝多芬想必也看到了哈布斯堡王族对财政补救的无能为力。他的年收入随着经济变化而严重缩水，经济环境恶劣导致其购买力还不如当时热罗姆·波拿巴六百达克特的年俸。他在给布莱特科普夫与黑特尔的信中写道：

我对这种和平无能为力，我现在已经不相信这里有任何稳定的可能了……我唯一要做的事情就是听天由命了！

在他被要求为宫廷剧院重演歌德的《艾格蒙特》编奏配乐的时候，已经可以看出他对“英雄主义”音乐的创作开始有了一些敷衍。他尽力用小调转大调以及大幅极渐强这些他所擅长的技巧去激发出胜利的高潮。但是在这么多年的演奏生涯中，贝多芬第一次感觉自己的演奏只是在不停的重复。丹麦文学批评家格奥尔·布兰德斯早已经看出了这个问题，说德国浪漫主义的热情因为拿破仑的到来而变成了一种无形的伪装力量。要是真如所说的这样，贝多芬其实也意识到这里的伪装所展现出来的虚假。

大公鲁道夫回到了维也纳，迫切想重新跟随贝多芬学习。贝多芬虽然对大公很是喜欢，但由于他非常厌恶教学，此时的贝多芬大部分精力都放在编造理由来减少他和鲁道夫的接触次数。和比自己年龄相差太多的人交谈一直是贝多芬的弱项，同时他也没有太多耐心去一点点地指导他们。

在接下来的日子里，贝多芬甚至厌倦了新作品的创作。他为了提高自己的创造力，央求在布莱特科普夫的编辑，给他寄歌德和席勒的全集。这位编辑就像各家出版社的交流中心，所有想要得到的作品都能从他这里得到。对于贝多芬来说，无论是古代还是现代的作品，没有他不能理解的。他读了欧里庇得斯的悲剧，读了同时期德国作家约翰·奥古斯特·阿佩尔的诗歌，后来还发现自己对印度教方面的专著非常着迷。同时期其他人创造的音乐作品贝多芬并没有太多兴趣，而对巴赫、亨德尔以及前辈们的作品研究则很多。他认为古老的教会曲调，在作品中融入了虔诚的精神，他也希望有一天能够通过自己的作品来表达出这种虔诚。

人们对于贝多芬的创作冲动以及创作能力的猛然衰退，印象非常深刻，认为他在40岁的年龄已经步入了更年期。他的笔记本上密密麻麻地写着无聊无趣的“新”想法。他试图像以前一样在某些场合为大家即兴演奏，但脑子经常一片空白，什么也弹不出来。除了精神上的空白寂静，或许还有其他一些东西在打扰他的音乐灵感。

这种自我安慰让他无暇顾及身边那些心碎的朋友。鲁道夫离开了，随着《告别奏鸣曲》中响亮悦耳的号角声，他们“再—见—了”。年轻的德维耶内填补了贝多芬心中的空缺，但后来他也离开了，“再—见—了”！拿破仑也是来了又走了，忽略了去听贝多芬指挥《英雄交响曲》的演奏会，也“再—见—了”！

在1809—1810年的这个冬季里，一位十八岁的少女成为贝多芬痴迷的对象。她是贝多芬医生的女儿，名字叫特雷泽·马尔法蒂。因此，他又开始了天才的创作力，他写的曲子瞬间多了起来，如同洪水爆发一般。他借了一面镜子，在镜子前试穿新买的衣服，还让波恩的韦格勒快点找到自己受洗证明的福门，以便以后结婚的时候使用（就在此时，他发现自己比自认为的年龄要老两岁，但是他并不接受这个事实）。而另一边，特雷泽则显得很平静。

1810年春天，贝多芬回到了维也纳森林，他不停地在狂喜和失望间踱步。1810年5月是个失望的月份，迷人的特雷泽拒绝了他。“再见，尊贵的T。”贝多芬这样写道。

不久后，他又产生了无法承受的情感灾难，是在和贝蒂娜·布伦塔诺的一次偶然邂逅之后。这位贝蒂娜日后写出了《歌德与一个孩子的通信》，并以贝蒂娜·冯·阿尼姆的名字闻名。

1810年春，她和哥哥弗朗茨（来自法兰克福的银行家）及其在奥地利的妻子安东妮·布伦塔诺一起来到维也纳。当地人无人不识这位安东妮女士，她以前在维也纳的名字是托妮·冯·比肯施托克，父亲是当地最富有的艺术品收藏家。这位父亲的名字叫作老约瑟夫·梅尔西奥·冯·比肯施托克，不幸刚刚离开人世，安东妮为此要回到老家去清算父亲豪宅里的收藏品。这件事对于安东妮来说，固然是遭遇了不幸，但回到老家维也纳还是令人高兴的。安东妮生长在维也纳，也因此一直不习惯北方阴冷的天气。父亲的藏品之多，可以办三四家博物馆，她当然不想把整理藏品的工作拖得太久。阴差阳错，性格外向的贝蒂娜帮了安东妮的大忙，她总是喜欢与那些名人交往，不久就可以手牵手走进餐厅。安东妮因此能够稍有余暇，贝多芬才有机会与她接触进而越来越熟悉了。

安东妮处事冷静，性格坚韧，贝多芬不久就喜欢上了她。贝多芬曾经有一位“不朽的爱人”，后世有许多音乐专著和论文纷纷猜测她的名字。美国音乐学者梅纳德·所罗门经过严密的考证，证明了安东妮·布伦塔诺就是贝多芬心目中的爱人。在此后的两年时间里，贝多芬一直迷恋着她。

在1810年5月的时候，安东妮刚好三十岁，已经有了四个孩子，她爱好音乐，有很高的吉他演奏水平。安东妮身材纤细，面色白皙，身体柔弱，有时候会有些心情抑郁，这些有可能会让贝多芬想起自己的母亲。与贝蒂娜的热情大方不同，安东妮性格冷静沉稳，在于贝多芬的接触中，她十分仰慕贝多芬的音乐天才，也对他本人的品行青眼有加，贝多芬从不畏惧的勇气、旺盛的求知欲和积极的生活热情都吸引着她。

当然，安东妮与贝多芬之间的感情可能仅限于精神层面的，二人不大可能有更深一步的关系。安东妮对弗朗茨的感情暂且不论，但作为妻子，她的内心是传统而忠诚的。除此之外，安东妮的丈夫弗朗茨性格亲切随和，他与贝多芬的关系也不错，在生活中，一直把贝多芬当成安东妮的兄长。

这一段感情浪漫而曲折。刚开始，贝多芬的注意力在热情的贝蒂娜身上。贝蒂娜曾经给歌德写了一封信，其中用很多话语描述了贝多芬。贝多芬曾经有些骄傲地说："我就像是酒神巴克斯，给人类酿造出绝佳的美酒佳酿，让人们的灵魂为之沉醉。"对于自己的艺术创作，贝多芬自信其有永恒的价值，贝多芬认为，音乐调和着生命中的理智与感官。这简直让歌德难以置信。贝蒂娜文笔斐然，辞藻华丽，她描述的这位作曲家写出了著名的《田园交响曲》，闻名欧洲大陆，他对音乐痴迷而不能自拔，从早上到天黑一直在工作，甚至经常忘了吃饭；他是独一无二的，也是孤独的；他阅读诗歌的时候，不仅关注其含义，也经常被其内在的韵律感动。

信中的这些信息，让歌德对贝多芬有了很大的兴趣。歌德给贝蒂娜的回信中写道：

请转达我对贝多芬最诚挚的问候；也请告诉贝多芬，为了与他会面结交，我很愿意做出妥协……我们可以在卡尔斯巴德见个面，我每年基本都会去那里。

贝蒂娜随后把歌德的意愿转达给了贝多芬，贝多芬对此事的态度也很积极，但并没有给出明确的答复。也许，这就是德意志文化，二人都想了解对方的意思，却不希望让人感觉到自己迫不及待。

贝多芬与歌德逐渐有了相互通信的隔空交往，二人互相仰慕，写了不少赞美对方的信件，言辞之间，礼貌之中不乏客气的因素。歌德再次表示，如果贝多芬先生方便的话，可以约在魏玛碰面、交流。贝多芬则表示，希望善良的歌德阁下能够发表文章，评论一下配乐《艾格蒙特》，布莱特科普夫与黑特尔出版社即将额外寄送一份乐谱的抄本过来。遗憾的是，出版社的乐谱副本最终并没有寄送，歌德的见面约请也不了了之。

1810年，贝多芬在德意志文化艺术方面的地位，开始得到权威人士的肯定。在7月4日和11日的《大众音乐报》上面，有一篇关于《第五交响曲》的评论文章，作者是E.T.A.霍夫曼。霍夫曼是知名的作曲家、评论家、画家、法学家以及寓言家，后来还写出了著名的幻想故事文学作品，他的音乐评论影响力很大，拥有很多读者，经常引起大众的讨论。这篇评论文章发表的时候，肖邦和舒曼刚刚出生。文章给了贝多芬的音乐极大的赞誉，称其为经典作品，是“是永不停步的理想，是浪漫主义的精粹”。

《第五交响曲》的谐谑曲与终曲之间，有一段连接部分，有一种暗淡恐惧的气氛。霍夫曼对此评论道：“明媚耀眼的阳光出来后，把压在胸口的惊慌情绪一下就扫除干净。”在贝多芬的音乐里，霍夫曼感受到了新的东西，那是一种哲学层面的延伸，超越了感官，而不仅仅是从声音中感受到的愉悦。正是这样的音乐，贝多芬用交响曲表达比较合适，用歌曲就效果欠佳了。在这部交响曲中，开篇的乐章中是一直重复的四个音的主题，几乎没有什么特别的旋律，就像是刻板的数学结构，推动着音乐和声的逻辑。在后面的每一个乐章之中，都出现了这一主题，将整部音乐紧密联系在一起，尤其是第三乐章和第四乐章，构成了一个实际上单一的宏大结构。霍夫曼认为，正是因为贝多芬坚持这种音乐推进结构，导致不少大众不喜欢贝多芬的音乐。大多数人的思想和感受与贝多芬有些距离，虽然他们能感觉到贝多芬音乐中丰富的想象力，但也会觉得听起来给人混乱的感觉。

霍夫曼的评价，对于贝多芬来说并不是什么新鲜事。贝多芬可能会认同霍夫曼的观点，但桀骜不驯的他心里并不愿意妥协。他曾对冯·布劳恩男爵说："我创作的音乐，可不是为了迎合那些平庸之辈！"不过，霍夫曼似乎并不觉得贝多芬的声乐作曲水平特别高明，贝多芬对此也不见得认同。毕竟，贝多芬对于歌剧《费德里奥》的结局已经够伤心了，这是在往他的伤口上撒盐，何况，贝多芬还创作过清唱剧《基督在橄榄山上》，这部作品非常成功。总而言之，由于种种原因，贝多芬对霍夫曼的这篇评论文章未作回应，直到十年后才对他表示了感谢之情。

不管怎么说，对于贝多芬来讲，终于有既能理解文学，又洞悉他的音乐灵魂的人出现了，这样才能把自己引领的音乐变革清晰地表述出来。激情的音乐之后，需要用理性的分析来描述、论证和总结。贝多芬的音乐，充满着斗争的激情，作品中蕴含着各种力量，它们在斗争中达到平衡。不仅是作曲家，演奏者也必须了解作品中的难度、征服其中的各方力量，最终才能表现出作曲家想要的效果。不仅如此，来到现场的观众一旦进入音乐的意境，也被动进入了音乐中的各种元素的"斗争"中，而斗争结果更无法预料。对于普通大众来说，《第五交响曲》和《热情奏鸣曲》的开头风格类似，不深入体验就无法想象：其中一部最后是风格强烈的凯旋，另一部落幕是狂热的虚无主义。即使是公认比较平缓的音乐，例如《第四交响曲》，演奏的过程中也有各种元素的“斗争”，慢乐章在此过程中引发出无以言表的浓厚情感，令人动容。霍夫曼尝试着描述了贝多芬的音乐内涵，用深刻的文字描述了自己从乐曲中感受到的浪漫主义。或许贝蒂娜·布伦塔诺听到贝多芬表达过这些感受：他创作的交响乐要表达的永恒之美，很难被世人完全理解。

不久之后，贝蒂娜结婚并去了柏林，丈夫是年轻作家阿希姆·冯·阿尼姆；而安东妮则一直在维也纳生活。安东妮体弱多病，贝多芬经常去看她，对她致以热情的问候。有时候安东妮不方便，或者屋里有其他人，贝多芬就一个人到接待客人的房间，坐在钢琴边，用他自己独特的音乐语言与安东妮进行心灵的沟通。当贝多芬觉得说出了心中想说的话语，对安东妮进行了心灵的抚慰，才会默默地离去。

到了1811年年初，安东妮已经对贝多芬的气质迷恋不已。她在给哥哥的信中写道：

贝多芬气质超凡脱俗，就像是行走在天地间的圣人，与凡人截然不同。他的消化疾病令人烦恼，希望这种事情不要持续太久，希望缪斯女神能够护佑他，时时把他放在心上。

其实，二人的身体状况都不好，可谓同病相怜。

贝多芬的身体状况逐渐被公众熟知，1811年1月8日的《大众音乐报》中有一篇报道提到了贝多芬的身体情况，里面写道：“在这几年中，贝多芬的健康遇到了严重的问题。”不过，频繁的腹泻、时不时爆发的头痛以及难有结局的爱情，都无法妨碍贝多芬的音乐创造力。同年3月，贝多芬终于从艺术创作中找到了灵感，完成了一部有史以来规模最宏大的钢琴三重奏。作品的题献对象是鲁道夫，因此又被称为《大公三重奏》。这部作品相当于《皇帝钢琴协奏曲》的室内乐改编版，同样是金色的旋律。这两部作品都是慢乐章，旋律优美、余音绕梁，让人感觉仿佛听到了世界上最美丽的音乐。

这年8月，贝多芬为了疗养身体，去中欧地区历史最悠久的温泉城——特普利采小住，这里的温泉可能会缓解他的肠胃问题。当然，还有一个可能的原因，是安东妮一家到了夏天经常到附近的卡尔斯巴德避暑。在此期间，贝多芬仍不忘音乐创作，他创作完成了《斯特凡国王》和《雅典的废墟》，这是两部戏剧配乐，日后在布达佩斯公开演出。后来完成的两部交响曲《第七交响曲》和《第八交响曲》，也是在此期间打的草稿，后来又花费了一年多的时间才完成。

1811年年末，贝多芬写了一首歌，名字是《致爱人》，令人感觉颇为忧伤。在钢琴的伴奏部分，额外有一行吉他谱，这是很不寻常的。贝多芬最终把乐谱送给了安东妮，这位姑娘从中解读到了什么信息，后人就不得而知了。

冬天到了，贝多芬的身体不见好转，经常处于病痛之中。还有一个不好的消息，随着社会局势的不稳定，奥地利的货币发生了通货膨胀，贝多芬的收入相当于缩水了三分之二，这让他十分忧虑。这时又传来小道消息：洛布科维茨亲王财政情况已很不理想，濒于危机边缘。事实的真相难以证实，但在每个季度付款的时候，洛布科维茨亲王和金斯基亲王确实已经开始拖延，甚至有时候没有付款。

不好的消息继续传来，1812年2月12日，满怀期望的《皇帝协奏曲》在维也纳公开演出，由贝多芬最得意的学生卡尔·车尔尼担任独奏，但出乎意料，这次演出并不算成功。好在生活虽然充满烦恼，贝多芬的音乐创作并没有受到什么影响。不久，《第七交响曲》谱写完成，贝多芬忧郁的生活似乎也随之远去。

当时的《第七交响曲》是贝多芬所有作品之中规模最伟大、气势最恢宏的作品之一，这部作品爆发出巨大的能量，而且持续不断，作品中娴熟地运用了高音的圆号和灵活的弦乐低音。此后不久，《第八交响曲》也完成了，这部作品与《第七交响曲》相反，规模短小精悍，风格趣味盎然，表达出高涨的情绪，包括一些嘹亮的走板杂音，看起来好像是故意走音、逗人欢乐。

1812年7月7日，贝多芬和安东妮来到特普利采，当时他已经完成了《第八交响曲》草稿的一半工作，而安东妮怀孕了，是丈夫弗朗茨·布伦塔诺的又一个孩子。安东妮当时已经清理完毕父亲的遗产，在这个秋天，她要把维也纳的豪宅封存起来，回到法兰克福，与丈夫在一起。安东妮是一个忠诚的姑娘，这是她必然的归宿。贝多芬与他梦想中的姑娘，终于到了需要做个了断的时候。

贝多芬的情书《致"不朽的爱人"》，正是在此次到特普利采的前夕开始写的。这封音乐史上著名的情书的对象一直是个谜，直到现代才有定论，根据学术界的调查考证，收件人很可能就是安东妮。可惜的是，贝多芬的信并没有寄出，其中的文字既是心中对爱人的请求，也是对美好感情的想象。其中文字饱含深情，两个多世纪以来，感动了无数人。在此展示其中的一部分文字：

我心中的天使，你是我的一切，我的心中只有你……这是为什么？每当我需要你的时候，我就会感觉到深深的忧伤……难道我们之间的爱就不能持续，只有不断地失去、只有对彼此放手？您不是属于我的，我也不属于您，事实就在眼前，谁能改变这些，您能吗？……上帝啊，请关心一下凡人的内心吧！有的事情是无法避免的，思及此处，您的心中可以稍感欣慰吧……爱情让人不顾一切，我与您在一起、您与我在一起，这是人之本性。请您不要忘记，我是为了自己、也是为了您而活在世上。假如我们两人能够真正结合在一起，世界上将没有痛苦，这是我心中的感受，也将是你的体验……不久之后，我们就要见面了，我对你有千言万语想尽情表达……啊，不，我时常会觉得，其实语言根本表达不了我的内心……请您一定要快乐……一直做我心中的真爱，独一无二的爱，我心中的所有，您是我的，我也是您的……

7月6日，星期一，晚上

我最亲爱的人啊，命运折磨着我们……不管我在任何地方，希望您与我同在……我要安排好我们两人的事情，生活在一起。假如没有您，这会是什么样的生活啊！……我身边的人都是善良的……我难以承受，人们之间的谦虚谨慎让我感到痛苦……当我与整个世界在一起，什么是我，什么是神明？——我们认为神是最伟大的，但是，在人类身上，不是也有神的特点吗？……请您不要在我的面前逃避，您心中是爱我的，而我心中爱您的更多……晚安……我现在在泡澡，就要去休息了……啊，我的神啊……我们的距离是这么近，又是这么远！……

7月7日，早安

虽然我目前是在床上，但我的心早已经飞到了您的身边。我不朽的爱人啊，我既感到欢喜，又感到悲伤。命运啊！你是否能够听到我们的声音……和您在一起的时候，我的生活才是完整的，否则根本无法生活……我的心不会再属于别人了，永远、永远不会了……上帝啊，为什么一个人与他心爱的人要分开呢？在维也纳，我的生活简直是太悲哀了……来自您的爱，让我成为世界上最幸运的人，同时又是最不幸的人……以我现在的年龄，需要稳定、安宁的生活，我们现在的关系能够做到吗？……冷静，只有冷静地考虑我们眼前的生活，才能让我们共同生活……冷静……不管是昨天，还是今天，都要爱我……我对您的思念，我内心的期望，使我热泪盈眶……您就是我的生命，我的一切……再见了……请一直爱我吧……请您理解您的爱人，这是一颗最诚挚的心。

L.

永远是您的

永远是我的

永远是我们的

第六章　交响乐之王

1812年7月17日，贝多芬在给音乐学生埃米莉·M.的信中写道：

一个真正的艺术家是没有骄傲的。

他依旧在特普利采居住，浸泡着温泉，竭力让自己适应没有安东妮的生活。他觉得自己应该如同众多孤独怪癖的人那样，向一个陌生人倾述自己内心深处的声音。

贝多芬接着写：

可不幸的是，在他看来艺术是没有边界的；他认为自己距离目标还很遥远，这让他感到忧郁；就算当前得到了他人的崇拜和羡慕，但他还是痛心不已，因为他还没有抵达心中向往的那个境界。他拥有极高的才华，而那些才华就如同是远方的太阳，闪耀着光芒，激励着他前进。

贝多芬所说的话，或许在埃米莉年龄再大一点的时候会更加理解吧，可她现在仅有十岁，她只是以一个仰慕者的身份给贝多芬写了这封信，可贝多芬现在却在自我倾诉。

《第八交响曲》的草稿已经完成了，过不了多久，总谱也会彻底完工，于是，他就按照自己的想法创作出一定数量的“公众”音乐。当然，过去十年里让他成名的风格作品，那种高贵又宏大的风格，他已经不会再随意地写出了，他现在书写出来的是一种全新的、内敛的、似有指向的风格。尽管这种全新的风格还没有完全成型，但它正在不断地浓缩升华，对一切和声或旋律的甜美主义说不。这些在 1806 年的《拉祖莫夫斯基四重奏》和后来的《瓦尔德施泰因奏鸣曲》及《告别奏鸣曲》中都能看出来眉目。但在他最新的《F 小调弦乐四重奏》中表现出来的就不是一点点眉目了，这部作品充满了苦涩，如同腌制过的核桃，紧密又苦涩。

这时候的贝多芬距离他音乐创作的“第三阶段”还有很长一段路要走，他现在感觉到剧痛，他正处于一次心理转折的早期阶段，这次转变除了风格的转变之外，更是早期到晚期的转变，而且这些转变几乎让他肯定自己会孤身、全聋到终老。他这样写道：“对你而言，幸福只有在自己的心灵中、在艺术中可以寻找到，其他地方是完全没有的。”这跟十年前在海利根施塔特遗嘱中留下的话相照应：

“啊，上帝呀！请赐予我力量，让我摆脱束缚我生命的东西，征服我自己吧！”

他在接下来的很长一段日子里受到了很多来自音乐以外的困扰，这些困扰不仅严重威胁了他的安宁，甚至还影响到了他的理智。有些传记记者甚至说，他的创作力早在完成《第八交响曲》后就已经枯竭了。当然，这样说是完全不公平的，尽管他产出作品的数量直线下降，甚至在 1817 年的作品数量几乎下降到了零，但他创作的曲目形式比以前有了更大的进步——从为安东妮的孩子创作的钢琴三重奏，到深受公众欢迎的曲目和令人困惑、反差的奏鸣曲。

这部钢琴三重奏是单乐章作品《降 B 大调（WoO.39）》，是贝多芬特意创作出来献给马克西米利安娜·布伦塔诺的。它把几乎不可能完成的事情实现了，不仅细微地照顾到了一个小女孩，还没让客厅音乐陷入多愁善感的窠臼。这种能同时令成人和孩童都陶醉的音乐也就只有舒曼的《童年情景》可以相提并论。这部作品是贝多芬送给布伦塔诺一家的告别礼物中的一部分，他们携带着它以及一些室内乐作品，永远地从维也纳离开了。在其他的一些作品中，贝多芬写上了“托妮”这两个字，但没给予她一个正式的献辞。或许她十分理解他的不着急，他是在等着写出一部优秀的作品，一部可以匹配他对她的感情的作品。

终于在 1812 年夏天，歌德和贝多芬会面了，他们最少会面了四次。在特普利采和卡尔斯巴德，他们进行了深刻的交流，但比较深刻的话题都被他们巧妙地躲避了过去。刚开始时，贝多芬给诗人歌德留下了深刻的印象。歌德在日记中写下了这样一句话，“比他更专注、更有活力、更‘inniger’的艺术家，我真的找不到第二人。”“inniger”，一个兼有内心正直和表达热烈双重含义的词语，在德语中是几乎没法直接翻译出来的形容词，在这里却被歌德用来形容贝多芬。后来，歌德对贝多芬却表现出了一些批评，他在一封书信中写道：

我十分惊讶他自身的天赋。只可惜他是一个没有经过驯化的人，他要是认为这个世界让人感到憎恨，这也属于正常。但他也没让别人和自己因此而生活得更加快乐。

同样的，贝多芬也对歌德感到失望。在 1812 年，前来度假的王室和贵族成员（他们都在就拿破仑攻打俄国这件事展开讨论）充斥着整个特普利采。贝多芬惊奇地发现歌德对王室贵族的相交表现出了浓厚的兴趣。他在给布莱特科普夫与黑特尔的信中写道：

诗人，国人最重要的导师的人，但歌德已经舍弃了一个诗人应有的尊严，他太过于热衷宫廷氛围，既然已经抛开一切为了浮华荣耀，那艺术家做出的傻事又何必去嘲笑呢？

“诗人，道德和美学的榜样”，这是贝多芬给诗人定义下的信念，也是他的目标。实际上，他不愿称自己是位作曲家，更喜欢称自己是位音乐诗人。他坚信，就像斯宾诺莎和席勒所相信的那样，在目前事业的这一阶段，一位有创造力的艺术家，应该努力争取创作出可以激发并提升人类理性美的作品，而不是去追求贵族的恩惠或神的爱。天才的伟大和本能的正确性总是成正比。贝多芬从未怀疑过他自己的伟大和正确，他说：“杰出人物总有力量这一美德，当然这也是我的美德之一。”

在艺术的世界里，这种狂妄的态度不值得大惊小怪，但要是放在日常事务中却十分地不妥，它会让人变得既无理又小气。这一点，卡斯帕·凡·贝多芬早有体会。如今，约翰·凡·贝多芬该去亲身体验路德维希·凡·贝多芬散发出的深深恶意了。

四年前，约翰在林茨花光了他所有的积蓄买下了一家药店，没想到仅过了四年，这家药店的价值竟直线增长了五倍，这让约翰获得了财富和荣誉，也展示出他精明的生意头脑。但他的成功让他的哥哥贝多芬感到憎恨和嫉妒，随着时间的增加，这种情绪在不断持续发酵着，超高的通货膨胀摧毁了贝多芬的经济，让他变得穷困潦倒。终于，在1812年10月初，三十六岁的约翰要效仿卡斯帕步入婚姻礼堂的消息传入他的耳中后，这种情绪再也按捺不住了，它爆发了出来，贝多芬愤怒了。

几乎在托妮·布伦塔诺返回法兰克福的同时，这个消息传递到贝多芬耳边。他急忙赶到林茨，惊奇地发现，他的弟弟约翰是铁了心要迎娶特蕾泽·奥博迈尔，完全不顾特蕾泽·奥博迈尔已经跟其他男人有一个女儿。贝多芬一怒之下径直找到林茨的主教，要求将这桩婚姻终止。但他没有成功，接着，他向城中议会提出申诉，要驱除特蕾泽出城。约翰向贝多芬提出了严重的抗议。11 月 8 日，也就是距离特蕾泽被警方驱逐最后期限还有两天的时候，约翰用自己的方式把这件事情解决了，他执意与特蕾泽完婚了。

贝多芬无意间在拿破仑撤出莫斯科的同时返回到了维也纳。接着，一个悲惨的消息传来——一场骑马事故导致金斯基亲王身亡，这对贝多芬造成了极大的不便，他最大金额的年俸收入暂时得不到了。他等不到金斯基的财产完成遗产认证，就立即向金斯基亲王夫人提出诉讼，丝毫不顾及她的感受，要求她将她亡夫的承诺立即履行完毕。

在他创作出的《G 大调小提琴奏鸣曲（Op.96）》面前，或许这些丑行都不值得一提。这部作品的首演是在 12 月 29 日洛布科维茨亲王的宫殿中进行的，法国音乐大师皮埃尔·罗德和鲁道夫大公分别演奏小提琴和钢琴部分。它标志着一个以“颤音”为主体的新阶段诞生了，从此之后，颤音可以自由自在地飞扬了，贝多芬赐予了它一种动力，无需再紧跟其他音符进行转变。此后，贝多芬的作品中颤音频繁出现，逐渐的作品颤音的长度增长到让人陶醉的程度。智利钢琴家克劳迪奥·阿劳为了表达自己的喜爱，甚至称它们是“灵魂的震颤”。贝多芬的好友逐渐开始疏远他。安东妮远走、贝蒂娜结婚、约瑟芬·戴姆再婚、里斯移民、冯·格莱兴施泰因不再给他免费服务，过往曾发生的无数次争吵，也让埃尔德迪伯爵夫人、斯特凡·冯·布罗伊宁和利赫诺夫斯基亲王跟他的关系也变得不如以前。疑似遗传性肺结核给约翰和卡斯帕带来了莫大的痛苦，他们现在也跟贝多芬疏远了。贝多芬身边也就剩下鲁道夫这一位忠实的朋友了，在贝多芬以后的孤独岁月中，也许就只有鲁道夫这位好友可能给他带来安慰吧。

当然，鲁道夫也会不满，贝多芬把自己想题献的作品献给别人时，他立即表示出不满，毕竟他骨子中是哈布斯堡家的人。这一不满让他成为音乐史上拥有伟大作品题献最多的赞助人，《告别奏鸣曲》《大公三重奏》的献辞，《第四钢琴协奏曲》《第五钢琴协奏曲》的受题献人，贝多芬加上的新小提琴奏鸣曲，以及后来贝多芬四部作品《钢琴奏鸣曲（Op.110）》《钢琴奏鸣曲（Op.111）》《庄严弥撒（Op.123）》和《大赋格（Op.133）》的题献全都是鲁道夫的。

1813年春天，卡斯帕身体情况急剧下降，默认让贝多芬去修复他们的关系。可贝多芬依旧跟他的弟弟们保持距离，却又渴望跟他们亲近，他用一种折磨人的方式爱着他们。当然，他当时态度变软是有目的的，在 4 月 12 日，当着四个其他证人的面，他骗卡斯帕签署了下面的文件：

吾兄路德维希·凡·贝多芬，为人坦率、正直，我深信不疑，我希望在我死后，我未成年的孩子——卡尔·贝多芬，可以交由他负责监护。因此，我请求在我死后，尊贵的法庭可以授予吾兄监护权，并希望我亲爱的哥哥可以在各方面用言语和行为帮助我的儿子成长，肩负起这一责任。

很显然，卡斯帕的妻子约翰娜没有在这份声明中被提到。

或许约翰娜算不上是个模范妈妈。早在两年前，她就差点被判刑入狱，她被指控非法占有他人珍珠项链。这件案子的卷宗上其实比较蹊跷，卡斯帕似乎也被牵扯了进去，本来卡斯帕就是一个擅长投机取巧的人。他们夫妇二人总是缺钱，尽管他们有一栋很大的出租公寓，但这也不够他们花。因此，贝多芬断定他们无法给他的侄子带来良好的生活，而且他们的婚姻也毫无感情，或许贝多芬在这一点上是正确的。

这时贝多芬的侄子卡尔已经六岁半了，十分聪明，如果他在林茨的叔叔可以老来得子的话，那他就不会是贝多芬家族中唯一的下一代，当然了，这个希望十分渺茫。卡斯帕是一位严厉的丈夫和父亲，这让卡尔更愿意亲近他的母亲。有一次卡斯帕用餐刀把约翰娜的手刺穿了，卡尔每天都能看见这个伤疤，感受她母亲的脆弱。

我们早已无法探究贝多芬对于自己要成为这个男孩新的监护人时的感受，但从二十六年前母亲玛丽亚·马达琳娜过世后，他从没像得知卡斯帕病情缓解时，反应那般激烈，表现出前所未有过的悲伤。在日记中，我们或许可以推断出一些端倪。他这样写道：“啊，上帝，上帝呀，请求你去怜爱那可怜的宝贝！”当安东妮离开后，他写下了这样一句话：“请求不要再让事情这样发展下去了”。

一位在巴登的艺术家无意间碰见了他，直言不讳地称他这个人变得“脏透了”。他的老友钢琴制造师约翰和纳内·施特赖歇尔也十分震惊于他的服装状况，更是直接给他添置了不少新衣服，希望能改善下他的情况。他也直接承认自己过得十分糟糕：“我已经快被这么多不幸的意外逼到精神崩溃了。”

那时人们发现想与他进行对话，需要耗费大量的力气。“你需要用三间房外都可以听到的声音去喊。”这是小提琴家路德维希·斯波尔所形容的话。由此可见，贝多芬当时的耳聋已经变得很严重了。慢慢地，贝多芬开始回避陌生人注视的眼光了。在这段时间里，雕塑家弗朗茨·克莱因给他制作了一个石膏脸模塑像，如今保存在波恩：前额满是皱纹，目光低垂，嘴唇紧闭，下巴扭绞，眉毛紧皱。它跟众多伟人英雄半身像产生了巨大的反差，让人感到贝多芬竟然会这么瘦小。说到伟人的脸，那它定会让人联想到存活在自己的天空下，冲破空间维度的杰拉尔德·曼利·霍普金斯口中的“心灵的山峰”。

可在“山峰”面前，哪怕是伟人有时也会感觉到苍白。贝多芬在1813年余下的日子里竟没写出一部原创音乐作品。虽然有主题用英法两国进行曲所创作出来的《战争交响曲》，但那算是个例外。它是约翰·内波穆克·梅尔策尔（哈布斯堡王族的宫廷技师）给予贝多芬草稿并建议他创作的。壮观的音响效果在拿破仑战争时期有极大的需求，可演奏不是战争，无法加入真实的炮弹声和最大音量的鼓声，于是便动用了大规模的乐队，这些局限性导致这种演奏巡演的可能性几乎为零。梅尔策尔制作出了一种“泛风琴”，在它巨大的风室里有军乐管铜乐器贯穿其中，通过风箱内部的压力让乐器们发出连贯的极强音且毫不停顿。它就如同是一个摩登的音乐盒，不仅装有琴键，还可以通过插入的旋转滚筒控制音的分布和时长。这让梅尔策尔在奥地利和英国都赚了不少钱，并且觉得自己的这个机器能完美解决它们的局限性。

实际上，它就是所有滚筒的第一个模型。梅尔策尔分享这个创意给贝多芬，想共同创造，一起获取利益。梅尔策尔一直认为，《天佑吾王》这首曲子应该是被贝多芬反复引用或糅合成赋的歌曲，如同一面匆忙赶制出的英国国旗，甚至还觉得贝多芬应该去引用古老的战争歌曲《马尔布劳克走向战场》（这首曲子在大西洋彼岸被更多认为是《上山的熊》），以此来嘲笑讽刺法国人的自负。

这些建议贝多芬竟然都接受了，由此可以看出他的半紧张症是多么的严重。梅尔策尔这位技师为帮助贝多芬战胜耳聋，设计并制造了不下四种助听器，这让贝多芬欠下梅尔策尔一个巨大的人情。在自己典型的专业精神下，贝多芬开始着手写《战争交响曲》（在德国称作是《威灵顿的胜利》），并扩展成两个乐章，在此基础上还加入《统治吧，不列颠尼亚！》的旋律。接着，他完成泛风琴的乐谱后，尽情地发挥了他对战地军鼓的热爱，改写了另一个版本给大型管弦乐队。他如同指挥他的听觉大军一般用两个宏大喧器、节奏鲜明的渐强音给作品开篇，接着用表示实心圆点的英国大炮和空心圆点的法国炮火标志出了一百八十八个炮火拍点，还用精准长度和方向的颤音联奏“幽灵音”去表示二十五声的火枪齐鸣。甚至在表达战争到达顶峰时，仅用三秒就完成了六声炮击和两排火枪齐射。这些枪炮齐鸣被贝多芬用音乐统合得十分和谐与精准。

《战争交响曲》因为吵闹和幼稚的旋律而变得臭名远扬，甚至有学者认为贝多芬最糟糕最没水准的作品就是它了。但他对这部作品的享受却没有让那些诋毁它的人注意。10月中旬在莱比锡，卡尔·施瓦岑伯格与拿破仑会战并取得胜利，极大地推动了《战争交响曲》的流行，这也让贝多芬获得了巨大的成功，帮助他走出绝望的泥沼。

这部交响曲的首演在 12 月 8 日进行，这是一场为战争伤者举行的义演。贝多芬亲自现场指挥，从他的肢体语言中可以看出他绝对没有深陷绝望。但没有想到是，成就未来的伦纳德·伯恩斯坦的灵感竟然来自小提琴部第二排的施波尔的记录：他的双臂交叉在胸前，到突强音符该出现时，就会分开，而且动作剧烈；到了弱奏部分，他则会弯下身子，弯得越低就越弱；直到渐强音到来，他才会慢慢直立起身子；到了强音，则会立即直起身子，甚至有时他还会下意识喊起来，去进一步增加强音。

《战争交响曲》取得的成功让贝多芬非常满意，一份当时的报纸甚至称这部作品的欢呼是“达到了狂喜的地步”，当然接下来《第七交响曲》取得的喧嚣反响更是让他满意，甚至创下了 19 世纪余下大部分时间都会遵循的先例：在首次公演时，加演的荣誉给予作品的第二乐章。

弗朗茨·舒伯特早就是席卷欧洲“贝多芬热”的受害者，《第七交响曲》快板的慢—快—快—慢几乎是舒伯特音乐的一种风格，这让人不由有所好奇和猜测，那场伟大交响乐首演的听众中是否有那年仅十六岁的弗朗茨·舒伯特。

四天后，这场成功的音乐会又再次上演了，抛去开支，这两场音乐会共赚取了四千多弗罗林，只可惜这些钱全被用于慈善。他跟奥地利一样，随着拿破仑的势力在西方逐渐衰退，财政状况只是在逐渐地好转。他依旧期待着洛布科维茨亲王和金斯基遗产归还拖欠他的年薪。可他似乎不会理财，甚至控制不住在多间公寓、仆人、抄写员和珍稀图书上浪费的钱财，仅从1809年到现在，他的花费已经高达一万八千弗罗林。

不久后，贝多芬竟然发现自己没钱帮助卡斯帕支付一笔高额的医药费。于是，他自己当担保人，安排他的出版商西格蒙德·施泰纳借一千五百弗罗林给卡斯帕，并再三嘱咐钱不应该交给约翰娜·凡·贝多芬，以此证明自己对她的鄙夷。在1813—1820年这些年间，贝多芬私人生活中混合交错着疾病、金钱操作、家庭政治和古怪行为，没有人能想到他脑子里到底在想些什么。可他毕竟是一个艺术家，紧迫感长时间占据他的潜意识，时不时会表现出一些疑似抑郁症的迹象。他与约翰娜以及法庭频繁进行争斗，让我们看到了他的决心，也表明这些年他心中最牵挂的是小卡尔。

1813年5月13日，贝多芬写下的日记让梅纳德·所罗门有了一个大胆又可信的假设——贝多芬上一年心生绝望是因为他渴望“家庭生活”，可他无法娶到安东妮·布伦塔诺，无法组建一个家庭。这篇日记书写的日期与他被指定为卡尔的代理父亲的日期非常接近，由此我们也可以推断：那年春天，贝多芬幻想得到一个儿子，并不是妻子。

很快，贝多芬就开始使用“儿子”这一看似极端的词语，很少用“侄子”。这时回想起来，贝多芬那笔“慷慨”的借款恐怕是用来约束卡斯帕和约翰娜的手段。

一桩长达七年的诉讼奇案开始了，仅案件第一阶段的残酷程度就远超贾迪斯告贾迪斯案[1]。诉讼当事人 L.（贝多芬）和 J.（约翰娜）在 C.（卡斯帕）死后提出诉讼，打了一场漫长的官司去争夺客体 K.（卡尔）的所有权，不同的法庭宣判的结果也不相同，诉讼人 L. 先输后赢。贝多芬也是用自己不寻常的方式回应着法庭裁判的结果。

1814 年，卡斯帕病情有所好转，直到 1815 年的头几个月，贝多芬才真正得到了卡尔的监护权。贝多芬焦急地等待了一年半时间，也正是这一年半的时间，成为他作曲家人生中最奇怪的一段时期。在这段时间里，他创作出了一批新的作品，但都反映平平，没有独特的灵感。然而这些作品除了一首迷人但十分无趣的《E 小调钢琴奏鸣曲》外，其他却都被公众称作是他“英雄主义”风格的回归。这与欧洲的力量中心突然变成奥地利有很大的关系。与此同时，奥

1　贾迪斯告贾迪斯案，指查尔斯·狄更斯的小说《荒凉山庄》中的一桩诉讼，有好几代人都被牵扯到这桩遗产纠纷案中，最终，花费在诉讼上的金额超过了遗产。

地利外长克莱门斯·冯·梅特涅亲王召开会议，邀请各国前来共同规划未来——一个没有拿破仑的未来。这些即将到来的代表团都认为这一时期的吟游诗人应该是贝多芬，他可是一位能化不协和音为协和和弦的作曲家中的诗人。政治家总是认为那种大且无当还吵闹的东西是艺术。当然，贝多芬也不傻，他清楚知道，只要给这些政治家留下深刻的印象，他就会得到莫大的好处。这些政治家回国后，他们便会在出版社和音乐会代理人面前赞美他。既然法国执政府能给雅克－路易·大卫带来运气，维也纳同样也可以做到。于是，他便利用政治家们的这种愚见，为公众写曲子，作品当然是写得无聊又快速的内容。

1814年1月2日，一场慈善演唱会在维也纳最壮观的音乐厅大舞厅隆重举行，这是他特意为自己举办的慈善音乐会，并一举奠定了这新一年非凡的基调。这场音乐会主打“宏大器乐曲版本的《战争交响曲》”，并在广告中承诺一些合唱作品会出现在他的节目单中。他亲自指挥了这场演奏，虽然耳聋让他漏掉了不少提示符，但公众的欢迎程度丝毫不亚于首演，在舞厅左右两侧的走廊中不断传来一声声迫近的鼓声。公众甚至称这场演奏为“狂喜”，《维也纳日报》也要求贝多芬“再次并经常”对自己的音乐作品进行指挥。他的名气一冲升天，得到了很高的票房收入。1月24日，《维也纳日报》刊登了他给赞助者的致谢信。接着，贝多芬宣布，2月27日他将举行下一场的音乐会。于此同时，合唱乐调也深深地震撼了前去听他演唱会的三位帝国宫廷剧院的明星歌手，他们三位主动去接近他，询问他是否会去重演《费德里奥》。而在当时，拿破仑的神话已经破灭，巴黎正在被联盟军包围。1805 年法军占领了维也纳，这一系列的原因造成了这部歌剧的失败。而现在的情况则完全相反，维也纳士气高涨，人们对《战争交响曲》表现出了热烈的欢迎，而摆脱法国这二十年侵略的奥地利正好可以看作是《费德里奥》的主题——从监禁到拯救。

实际上，《费德里奥》这部作品一直是这八年来贝多芬心中的痛楚，只要时机合适，不用别人说服，他也会去重演。在宫廷剧院的剧作家和舞台监督格奥尔·弗里德里希·特赖奇克的帮助下，贝多芬愿意去重修乐谱。这让歌唱家们备受鼓舞。贝多芬在他第二场音乐会时就已经全身心地投入到重修《费德里奥》的工作中，他表示“一定要再次寻找到进入它的道路”。于是，他一幕幕、一个个音符地去仔细修改。特赖奇克独具匠心，相当专业，他立即发现这部作品的潜力之所以无法发挥出来，完全是因为下半部分的场景全部被限制在地牢中，因此他大胆提议，对于莱奥诺拉和弗洛雷斯坦自由重逢时的幸福要进行大胆的重现，要用“一个充满阳光的绿色庭院”为结尾才是最完美的。特赖奇克是一个完美的合作者，他不仅能提出优秀成熟的建议，还能容忍贝多芬这个不懂“交稿期限”

的奇怪创作者。好在他的这些建议被贝多芬采纳了。贝多芬自愿撕掉总谱中的整个段落，他在对第一幕的修改和过渡所展现出对舞厅艺术的悟性，完全将 E.T.A. 霍夫曼关于他首先是一位器乐作曲家的论点给推翻了，这也让特赖奇克非常震撼。

谁也没想到，贝多芬竟然完全不顾戏剧效果的合理性，执意满足了男高音领唱内心想要“咏叹调杀手”式高音的愿望，在作品中加入咏叹调结尾的高音。或许这是因为贝多芬出生歌手世家的缘故。扮演新弗洛雷斯坦的是意大利男高音歌唱家拉迪基，他根据剧情需要，诸如深陷牢狱、缺衣少食、身带锁链和石块的情节，他在第二幕的开头都表演了出来。原本贝多芬已经写好了一首结束曲，一首优秀的极轻 F 小调上的咏叹调。可重新打造它需要保证不会损坏剧作品质，这让贝多芬陷入了困境。这时特赖奇克给予了贝多芬希望，他提出建议，用精神错乱来解决这个问题：见到莱奥诺拉的幻影会让濒死的弗洛雷斯狂喜不已。贝多芬紧抓这个念头，迫不及待地想看到完美解决这个问题的新歌词。

当天晚上，歌词就写好了。后来，诗人回忆这件事情道：

我将作品交给他。他阅读完之后，先是在屋子中乱窜，不是低声自语，就是高声咆哮，然后突然把钢琴打开，即兴开始表演。以前我的妻子求他弹奏他都不会去弹，可今天却将文稿放在自己面前，完全进入痴迷状态的弹奏了起来。他弹奏出的音乐，连魔法都捕获不住，仿佛要将咏叹调的动机召唤出来。就这样，几个小时过去了，贝多芬的即兴演奏还在继续，甚至遗忘了他之前说要和我们共进晚餐的提议。当晚餐准备好后，他不允许自己被打断，继续沉迷在弹奏之中。直到很晚，他才停止弹奏，起身拥抱我，表示不吃晚饭，匆忙赶回家去。

后来的两个半月，贝多芬完全投入到这部歌剧的第三个版本《费德里奥》1814年版之中，这个版本比之前更具有戏剧张力，音乐也更加丰富。他写道："天呀，我的王国在那天上，音符如同风那样飞旋在我的身边，时常飞入我的灵魂。"高强度的工作拖垮了贝多芬的身体，他没法跟正常人那样生活，可惜没有这方面的记录，但能从一些地方找寻到蛛丝马迹。他潦草地写下了这样一句话："客人来访时再用鞋刷把鞋子擦亮。"还有："为了更好地投入到艺术创作之中，才去休息找消遣。"此外还有一句很让人费解的话："要是医生诊断我的生命已经没有康复的可能，那我要去用……"无人知道这里的省略号要表达的是什么。

他继续全身心地投入到他的创作中，似乎连4月4日拿破仑退位和他最好的赞助人卡尔·利赫诺夫斯基亲王过世的消息都没注意到。他唯一一次在公众场合露面还是出席11日《大公三重奏》的首演。贝多芬代替受题献的大公去弹奏，当时的大公已经双手受损到无法弹奏钢琴。施波尔曾去听过贝多芬的排练，觉得他跟鲁道夫比也强不了多少：

这位可怜的耳聋人，在强音乐段猛击琴键，琴弦都发出刺耳的乐声；在弱奏乐段，他又弹奏得太过柔和，甚至漏掉了整组音……命运的残酷让我悲伤不已。

音乐会实际上进行得比较顺利。在音乐会上，伊格纳茨·莫舍勒斯发现清晰度或准确度已经不会再出现在贝多芬的演奏上了，但他的演奏却有出色的“智识性的元素”，甚至还涉及不少“宏大”的风格特点。他如同山猫那样，依靠视力去与其他音乐家配合，以弥补他萎缩的听觉，就连什么时候演奏者把乐谱上的表情记号忽视都能看得出来。可音色不能光靠感觉控制。他也认识到了这一点，开始不在公开场合弹奏钢琴，仅除了几周后重演这部三重奏的音乐会和一次在冲动之下为一位歌手伴奏演唱他的《阿德莱德》之外。5月23日就要再次重演《费德里奥》了，贝多芬完全来不及再写一支全新的序曲，时间太紧凑了，这让他懊悔不已。演出的当天早上，有人发现床上、地板上尽是散落的草稿，贝多芬躺在上面，身边放着一支燃尽的蜡烛和一杯葡萄酒。没有办法，卡恩斯纳索尔剧院的管理层只能决定用仅在布达佩斯演出过的《雅典的废墟》序曲，这里面的区别，观众是自然不会明白的，毕竟这支曲子还没有在维也纳演出过。这让担任指挥的贝多芬深感羞耻。在他没能准确听到乐队演奏时，另一位指挥米夏埃尔·乌姆劳夫将在他的身边纠正他的节拍，这也让他感觉受到莫大的耻辱。不过，五个星期的排练让演员和乐手的状态都调整到最佳，这让大家觉得《费德里奥》必定能大获全胜。维也纳《收藏家报》是这样报道的："雷鸣般的欢呼声在第一幕结束时把贝多芬先生喊了出来，他也是面带激动，向观众表达出他真挚的致意。"重做这部歌剧的过程充满了变数。仅过了三天，它的正式序曲就引起了"糟杂的喝彩，在观众的强烈要求下，作曲家两次出来谢幕了"。但贝多芬始终不为其所动，坚持修改、重写这部歌剧。直到7月18日，这部《费德里奥》的版本才算定了下来。接着，广告开始宣传当天演出的收入全归贝多芬所有，这让演出的票变得更抢手，甚至作废了提前免费发放的赠票。同样的，座无虚席也是贝多芬所期待的，于是他买下版面，在《和平周刊》上刊登他写的文章——致他的崇拜者的话，宣告众人，他已经摆脱了上一年绝望的泥潭，丝毫没有受损：

其实我想说的是，你们都错了。没有足够重视作品中的深度，这会让你们苦恼不已，你们都曾说过，凡·贝多芬，他只会为未来的时代作曲。但公众的普遍热情在他的不朽剧作《费德里奥》上演之前就已经被激发了出来，更不用说它上演以后了。这部作品现在已经吸引了大量相似的灵魂和共鸣的心灵，可以说它的伟大和优美不专属未来，也属于现在。所以现在到了你们需要承认自己错误的时候了。

预热过后，这部作品不仅得到了义演会上观众的热烈喝彩，也得到了之后近两百年里观众的热烈喝彩。贝多芬在广告中给予《费德里奥》的形容词可以说得上是完美贴切。《费德里奥》，这部作品完美地结合了人文主义主题、节制的情感和纯粹的音乐，举世无双。

直到今天，《费德里奥》依旧具有普世和自传色彩。剧中的理想主义、不屈的斗争和无限的勇气，历经艰险最终战胜了压迫势力和故意的残害。可以说，这部剧作的总体隐喻还是黑暗通往光明。贝多芬用歌剧在第一幕中创作出一幅感人的场景，在莱奥诺拉的请求下，“犯人们”前去充满阳光的堡垒花园散步的愿望得以实现，贝多芬特意设计让他们用几乎无法听到的不协和的大二度歌唱。他们出现的那一刻，仿佛世界的目光都聚集在他们身上。他们激动地歌唱，可内心的狂喜仿佛表达不出来：

啊，可以在户外自由自在地呼吸，这是何等的喜悦呀！生命在这里才完整，我们所处的监牢只不过是座坟墓罢了。

接着，不协和音转变成一曲四声部男声合唱，气势蓬勃，狂喜也达到了顶峰，但随着“囚犯们”被赶回地下，合唱开始逐渐减弱变成低语。

最后莱奥诺拉和弗洛雷斯坦与合唱队共同演唱的二重唱《噢，上帝！噢，多么美好的时刻啊！》，这部作品的旋律正是来自于《为约瑟夫二世逝世所作的悼念康塔塔》，也许重演观众中也就只有斯特凡·冯·布罗伊宁能看得出来，它们每个音符都是由贝多芬十九岁创作《为约瑟夫二世逝世所作的悼念康塔塔》中一个类似的高潮改写而来。这段旋律在将近四分之一世纪的时间过去后，才焕发出它真正的光彩，寻找到属于它的艺术神殿：“啊，上帝呀！这一美好的时刻，甜美幸福感，根本无法用语言来形容。”两场演出让贝多芬有了丰厚的收益，再加上《战争交响曲》和《第七交响曲》这两首曲子的成功，这让贝多芬在《费德里奥》国会演出幕布落下后觉得自己有资格去更进一步，不断寻思这势头的发展情况。

果然，势头朝着好的方向发展。11 月 29 日，他面对包括俄国沙皇亚历山大一世及普鲁士国王腓特烈·威廉二世在内的国际观众在霍夫堡宫的大舞厅中进行演出。这场演出中表演了他的新作品康塔塔，这是一部为庆祝维也纳会议而作的作品，让听众们狂喜不已，疯狂喝彩。也是那天晚上，他经历了从人生成就最低点达到事业最高峰的过程，但比之前战争闹剧更糟糕的闹剧发生了。那天晚上的节目单，对《费德里奥》终曲的嘲讽在它的标题名《光荣的时刻》（Der glorreiche Augenblick）上就表现得淋漓尽致。贝多芬从前的崇拜者捷克作曲家约翰·托马舍克惊奇地发现，他的康塔塔乐谱只要是制作精美的、包边用真皮的都卖到了两百弗罗林的高价，他是一个“冷酷地贪图势利的小人”。只可惜在贝多芬准备重演再次获利时，社会名流的注意力就已经开始转移了，仅过了四天，霍夫堡大舞厅的上座率就跌落到了一半，这让贝多芬被迫放弃了下一场音乐会的计划。他没再得到更多的关注，维也纳的会议依旧进行，仅有一个贵族委员会给了贝多芬一份礼物——四千弗罗林银币。也就是在那年的最后一天，一场大火把祖莫夫斯基伯爵富丽堂皇的宫殿给烧毁了。滚滚的黑烟在大多数维也纳人眼里没什么大不了的，他们丝毫不关心已经走到尽头的贵族赞助人，但它们对贝多芬而言却是另一番滋味。新的更民主的生活从拿破仑被流放到厄尔巴岛后就开始在小资产阶级中蔓延开了。奥地利的资产阶级终于不用再为强权力量服务了，会议代表们在舞会和宴会中重新规划了古老的疆界，给予他们自由。神圣罗马帝国早已变成历史；资产阶级的启蒙运动已经深入到日常生活中；坚定、严肃、英雄主义的姿态已经成为过去，在奥地利人眼中，他们德意志表亲似乎更适合这些姿态。尽管这时路德维希·凡·贝多芬这位德意志人已经在维也纳生活了很长时间，甚至超过了在波恩生活的时间，但他北方的口音和工作方式上的绝不妥协让他站立到舒适和毕德麦雅风格的对立面。很快，这座城市的年青一代就接受并适应了这种新的安逸的特征。

洛布科维茨和金斯基亲王夫人也没有跟贝多芬太计较，在 1815 年年初补偿给了贝多芬年俸，而且是按照通货膨胀前的标准加上以往前追溯的方式计算给的补偿，这让贝多芬很高兴。洛布科维茨说："贝多芬对我的行为，我不可能满意，但我是一位狂热的音乐爱好者，我十分欣赏他创作出的伟大作品。"贝多芬一下子变得很富有，分别拖欠三十个月和接近四十个月的年俸，总计高达近七千弗罗林，再加上 1814 年至少有四千弗罗林的收入，以及每年的生活保证金三千四百弗罗林（当年一位普通中产阶级平均年收入还没有一千弗罗林）。但贝多芬丝毫不满足，变得越发凶狠狡诈，不断逼迫压榨他的出版商和推销商，想通过赚取更多的钱来获得安全感。1815 年 3 月 7 日从热那亚传过来的炮声证明了他的预料，拿破仑于十天前从厄尔巴岛逃了出来，灾难降临了。

战报表明，路易十八得到了参加维也纳会议八大国家的支持并签署了协议，波拿巴直奔巴黎，身后跟着一支新的军队。同时也有令人惊悚的小道消息传来，在杜伊勒里宫度假的国王竟然支持王宫的上任主人。拿破仑于 3 月 20 日再次完全控制法国，威灵顿公爵匆忙离开了维也纳，赶往佛兰德。

4 月 8 日，贝多芬用自己笨拙的方式给一件完全不相干的事情开了个玩笑，“友谊、王国、帝国，一切的一切都是幻影，都是迷雾，一阵风就能消散掉它，也能让它化为另一种形态再次降临在世上”。在他心里，艺术真理才是唯一可以坚信的。但现在法国的灾难却充满了他的脑子。在这封写给布拉格一位收藏家的信中，他继续写道：“你说，你是想要逃难国王的独白，还是篡位者的歌曲去当作伴奏音乐呢？”维也纳会议的所有与会方于 6 月 9 日签署了最终协议，此时距离大战还有九天时间，随着威灵顿在滑铁卢的胜利，拿破仑百日王朝的故事正式落下帷幕，维多利亚之战的一切回忆也被抹擦掉了，这让未来近四十年里，欧洲各势力都维持在一种平衡中。贝多芬的创作天分似乎在那个春天和夏天被吹散了。不是试写第六部钢琴协奏曲和另一部三重奏的失败，就是因为灵感逐渐枯竭，被迫放弃了《希腊》和《罗马》这两部异教徒歌剧的草稿。就算他努力完成了作品，也只不过是虚有其表，都是从之前作品中产生的衍生品。但凡事都有例外，第 102 号作品的大提琴奏鸣曲以及为歌德《宁静的海洋与快乐的航程》合唱、管弦乐创作的配乐还是很成功的。但在那年年中，贝多芬正从住处走向满天星光的黑夜，一道灵感击中了他，点燃了他心中所剩无几的音乐细胞，创作出这段只要是音乐爱好者就能辨认出来的主题乐。他害怕灵感稍纵即逝，匆忙将这整段记录到纸上，在旁边标注上“赋格”和“缓慢的结尾”。接着，未来的鸿篇巨著《第九交响曲》在他的潜意识中开始酝酿开来。

第七章　争夺侄子

1815 年秋，卡斯帕已经病入膏肓，时日无多了，这让贝多芬再次燃起希望，想要夺得小卡尔的归属权。11 月 14 日，在遗嘱签署前，不知道他到底用了什么手段，竟然让卡斯帕修改了遗嘱，修改了“除我妻子，我指派我的哥哥路德维希·凡·贝多芬共同监护我的儿子”这一句话，删掉了前面四个字和后面的“共同”。

当天晚些时候，约翰娜·凡·贝多芬察觉到遗嘱遭到修改，她立即表示出强烈的不满。鉴于此情况，卡斯帕在遗嘱中添加了一条遗嘱附录：

因为我的哥哥和妻子之间存在巨大的矛盾，无法和谐，但路德维希却希望卡尔能够摆脱他母亲的监管和教导，完全归属他一个人。对此，特将遗嘱修改成，我真的不愿见到，我的儿子被人从他亲生母亲身边夺走。我希望只要他未来的职业允许，他都应该永远跟他母亲在一起。因此，我决定我的哥哥和妻子共同执行对他的监护权……我更希望在以后的日子里，我的妻子能够顺从，我的哥哥能够多点温和，这一切都是为了我孩子的幸福着想。

修改完遗嘱的第二天，年仅四十一岁的卡斯帕就与世长辞了。

这个遗嘱附录让贝多芬产生了很奇特的反应，他一度妄想是约翰娜毒死了他的弟弟，将约翰娜控告上法庭，还找来一位医生，逼迫他去检查尸体。结果，医生证明并不是谋杀。与此同时，处理贵族案件的法庭——帝国皇家普通法庭采纳了修改过的遗嘱。

仅卡斯帕是著名“路德维希·凡·贝多芬”的弟弟这一点就足以证明他的贵族身份，那些官员第一时间接了这件案子，甚至都没要卡斯帕的血统证明。

贝多芬感觉自己是高贵的，创作的也是高贵的音乐，贵族都要尊重他。在他看来，这些足以证明他的贵族身份，完全可以满足普通法法庭贵族身份的要求。而在面对法庭时，约翰娜只能用资产阶级的身份。

他于 12 月 13 日就共同监护权对弟媳发起了挑战，在这之前，他暂缓了数日，只是为了给自己添加上一个“维也纳荣誉公民”的称号。随后他向最高监护权理事会发出声明：在非婚的情况下，约翰娜就怀上了卡尔，她还曾因入室盗窃被定罪过。对此，普通法庭表示有浓厚的兴趣。于是，贝多芬申请下一级法庭把他们判决约翰娜有罪的证据给他。得到了这些证据后，贝多芬在普通法庭圣诞节休庭之前，提出了申诉，因为缺乏“道德和智力方面的能力”，约翰娜·凡·贝多芬女士无法妥善抚养她的儿子成人，要求普通法庭宣布——卡斯帕的遗嘱附录不存在法律效力。

如同威灵顿的进攻吓住在维多利亚的约瑟夫·波拿巴那样，贝多芬的法律和公关闪电战深深震住了约翰娜。1816 年 1 月 9 日，贝多芬得到了他想要的结果，法庭宣判，贝多芬为九岁卡尔的唯一监护人。十天后，卡尔被正式交于他看管。2 月 2 日，卡尔离开了家，被带往维也纳著名的私立学校詹纳塔西奥寄宿学校。在那里，没有贝多芬的同意，约翰娜是见不到他的。很明显，贝多芬是不会让约翰娜见到卡尔的。

这段时间的贝多芬在音乐手稿上写下了很多言语毒辣的信，要是约翰娜读到这些信，恐怕会更不理解的。很显然，贝多芬正处于被害妄想症的边缘。他疯狂地嚷嚷着，不停地抱怨，说她“恶毒的计谋”以及表现出的“友善”都是在欺骗他。他的书写越发得不连贯：“对于你的惩罚根本不可能得到赦免，考虑到了你的那位——我的那位——尊贵的亡者，这种重要的事件，还是交由法庭决断的好。”

很快，贝多芬疯狂扩大了这场针对约翰娜的恶意攻击，很多时候，贝多芬都觉得她正在跟踪自己，或是怀疑因为某些难以启齿的原因，她给自己的仆人钱。或许他更应该把约翰娜看作是另一部歌剧中的角色。她为了见到卡尔进行了众多又绝望的尝试，现存的记录中有这样一次记录，她为了溜进操场看一看卡尔玩耍，甚至不惜将自己伪装成了一名男子。这不禁让人感到同情，仿佛耳边传来《费德里奥》第一幕中悲伤的号声，以及莱奥诺拉“一种内心的冲动牵引着我”这样激昂的表白。

而贝多芬却觉得，他在一场现实版救人的戏剧中出演了英雄角色。“为了一个可怜又不幸的孩子，”他在给托妮·布伦塔诺的信中写道，“我打了一仗，拯救他逃离了他母亲的魔掌。”就算是一个合格的母亲，到这时候，都应该清楚地认识到，他到底变成了一个什么样子的“英雄”。

到了1816年春天和夏天，这一角色发生了急剧的变化，妄想的成分越来越大了。他在日记中这样写道：“视K.为自己的孩子。”后来，他给埃尔德迪伯爵夫人说：“我过世弟弟的儿子，我现在成了他真正的生父。”后来，他对弗朗茨·韦格勒说：“我现在跟你一样，为人父，只可惜我没有妻子罢了。”至此，他们的身份角色发生了重大变化，侄子成了“儿子”，伯伯成了“父亲”。压抑已久的渴望似乎在他给她的信中释放了出来。他在4月的时候，开始以“无法圆满的愿望”为主题，创作出一组非凡的声乐套曲，名为《致远方的爱人》。这部作品跟《特里斯坦与伊索尔德》一样充满了惆怅，主题乐曲是先升后降，每首歌都是进化铺垫下一首曲子。最后在结尾处再次重现主题渴望，最终结束于一个不满足的和弦。这个主题给罗伯特·舒曼留下了深刻的印象，甚至在二十年后，他还将这个主题运用到他充满爱意的《C 大调钢琴幻想曲》中。

情感的动荡造成 1816 年的贝多芬产生了意识演变，也就在这一年，他完成了音乐作品《致远方的爱人》，这是他创作音乐作品中最接近自传的一部。“五年前，我爱上了一个女人。”写完后，他对卡耶坦·詹纳塔西奥坦白道，“可我没法向她求婚，结婚，那更不敢妄想。可如今却如同是新婚第一天。”詹纳塔西奥的女儿范妮记载了这些情感，她惊奇地发现，这些情感与《致远方的爱人》中的情感相吻合，蓝色的天际，超越空间和时间的爱情。人们身处画家卡斯帕·大卫·弗里德里希的云之风景和歌德“你知道那个地方吗？”中感受的感情，被它第一次用音乐的形式表达了出来——一种遥远的思念之情。多年后，贝多芬为歌德的“你知道那个地方吗”谱写了曲子，只可惜物是人非，曲子的感情基调已经变得十分的冷淡。

1816 年夏天，贝多芬真的变得十分怪异。《A 大调钢琴奏鸣曲（Op.101）》，是他那年夏天唯一的一部作品，他一改往常习惯，结构上抛弃了亲密感，采用了令人毛骨悚然的进行曲和诡异的赋格。这让他创作不出美妙之作的谣言更有了依据。贝多芬总是不幸，他生不逢时。这部奏鸣曲的开篇乐章和慢乐章，如果放在现代听众的知觉中，肯定会深受欢迎，它里面蕴含着一种强烈而纯粹的全新抒情方式，那可是在任何艺术形式中最高的美感，无法让人感到厌倦。只可惜，维也纳在那一年流行的却不是这种类型，而是其他两种风格。一种是以毕德麦雅式客厅小品为代表的，讨人欢心或令人流泪的风格，另一种是以焦阿基诺·罗西尼的新歌剧《塞维利亚的理发师》为代表的，闹哄哄的有些轻浮之气的风格。终于在第 101 号作品中，贝多芬酝酿多年而成的著名的“第三阶段”风格变得成熟，但面世之时却与当时的公众品味相反。帝国秘密警察早已把监视范围扩展到了文化，对此，他们记下来这样一句话，“绝大多数的行家，以压倒性的优势，表示拒绝听他随后的任何作品。”

警察口中的“行家”，说的是那些觉得贝多芬太激进的保守分子。他们如同以前投入作曲家帕伊谢洛和萨列里的怀抱那样，转而投入到罗西尼的怀抱。只要名字是元音结尾的作曲家，似乎都能保持他的音乐在同一基调上。那种炫美的嗡嗡乱哼的意大利风格，在贝多芬看来都是不足挂齿的，然而他却效仿了它，应用在《钢琴奏鸣曲（Op.31）》的慢乐章中，并十分成功，还被人描绘成有头脑的“罗西尼”。他也尝试用了下毕德麦雅风格，应用在《奏鸣曲（Op.90）》的回旋曲中，它的效果并不理想，不断闯入一种极度的严肃感，就像是歌德在尝试创作女性浪漫小说。

贝多芬创作出第一部伟大德语声乐套曲后，就没有兴趣再去创作第二部了，他甚至没法强制模仿自己。他保证自己的每一部新作都是唯一的。对于创作出一部充斥着悬而未决的不协和歌剧和任何形式的创作悖论，他似乎充满了兴趣。一种冲动在他的内心呼唤着，让他对那些巴赫都觉得陈旧的对位法技巧充满兴趣，使他不由自主地去学习，发明创作出新的未来主义的噪音，比如时而在调内外的、长长的、隆隆作响的低音颤音和荒诞的半音式滑动。可惜的是，金斯基和利赫诺夫斯基早已去世；瓦尔德施泰因破产，至死都会是贫民；拉祖莫夫斯基被召回俄国时，也把舒潘齐格和其他四重奏成员带走了。那些可以理解他的个人精英正在缩减，更不用说演奏了。洛布科维茨到那年年底也去世了，随着他的死亡，维也纳最后一支私人管弦乐队解散。悲观的情绪不断侵蚀着鲁道夫大公善良的内心，让他投身教会的冲动越发得强烈。1816 年，贝多芬和他那些年轻的同辈都在竭力适应着古典主义盛期的终结。当时，韦伯二十九岁，将要开始创作他那魔力十足的歌剧《自由射手》；舒伯特十九岁，刚写完饱含典型德意志气质的《魔王》。还有柏辽兹十二岁，门德尔松七岁，肖邦和舒曼六岁，李斯特四岁。他们都仰望着贝多芬，形成属于自己的反智主义风格。所罗门称这段时期为“音乐史上的转折点之一”。

1816 年的下半年里，贝多芬将他所有的精力全都投入到卡尔身上，这是因为贝多芬的《A 大调钢琴奏鸣曲（Op.101）》取得了众多新奇的成果，推迟一年时间去完成下部作品也没什么大不了的。在艺术上，他变得越发孤独。

贝多芬去学校时那种“严厉的外表”和“冷漠的行为”给范妮·詹纳塔西奥留下了深刻的印象，她在日记中这样写道，“一种相当厌恶的感觉。”她甚至怀疑，没过多久，他的侄子就会被他放弃掉的。在不经意间，她还发现一场极权的早期端倪。“我询问小男孩为何要哭，可他说他伯伯不允许他告诉其他人。”范妮始终不知道这个小男孩要告诉其他人什么。

9月，因为疝气，卡尔需要动手术，贝多芬为了彻底从约翰娜手中“夺走”卡尔，直接拒绝了她希望在场的书面请求，不允许他们相见。“他们的相见会让K.再次回想起从前的事情，这种事情，我坚决不允许发生。”但贝多芬的情感储备中并没有危急时分需要的爱，他总是在有紧急情况可能需要他的时候不在卡尔的身旁。他现在在巴登一间避暑公寓中，不在卡尔的身边。等到万事平安时，他会恰到时机地表现出自己的爱意。而这种方式几乎不会让他付出什么，但效果甚微。

他的自私让自己感到罪恶，他在卡尔手术后写给卡耶坦·詹纳塔西奥的信中说道：

我想，你可以想象到我的心情，我多想知道我亲爱的儿子的恢复情况，或许你会觉得我是一个冷漠的半野蛮人……其实我悲伤万分，我恨我自己无法分担我的K.承受的痛苦。

卡尔的身体恢复很快，那分隔他们的十五英里距离已经阻挡不住他们见面了，这让贝多芬的悲伤减轻了不少。但贝多芬野蛮粗鲁的暴力行为，让尚在康复期的卡尔和陪伴卡尔的范妮大为惊恐。贝多芬在晚餐的时候甚至会为面包卷与侍者斤斤计较，甚至他之前还与仆人打了一架，导致第二天早上脸上还有抓痕。在范妮和当时另一位访客卡尔·冯·布尔西看来，贝多芬几乎完全耳聋的状态使他的妄想症更加严重。在日记中，冯·布尔西这样写道：

他心中充斥着狂暴的恶毒和怨恨，对于一切，他都表示藐视和不满，他甚至还咒骂奥地利，尤其是维也纳及他在这里的生活。他的语速很快，还带有大幅度的动作，时常用拳头猛烈地敲打钢琴，回声都充满了整个房间。

人们不免有所想象：贝多芬是否会跟卡尔生父那样打他？尽管这无从考证，但他一定支持过在必要时詹纳塔西奥可以去鞭打卡尔。在更早的时候，作曲家伊曼努埃尔·弗尔斯特的儿子在日记中记下了这样一件事，在一堂与贝多芬上的钢琴课中，因为是冬天，他的手指冻僵了，但贝多芬还是“用织做工妇人穿的粗线外衣的钢针或铁针”鞭打了他的手指。

在他人看来，贝多芬就是一个年近半百、紧张易怒的危险男人。但不可否认，有太多能量积累在贝多芬的心灵和身体之中，这让他的积极举动充满了爆发力。在这种情况下，聪明而温柔的卡尔选择了屈服，但不惧怕他。很快，他们伯侄二人便变得亲密无间，他们在交换眼神时，贝多芬甚至流露出了幸福，这让人未免感到惊讶。从一则有趣的轶事中，我们可以看出他们之间深厚的感情：贝多芬和另一位作曲家演奏一部作品时，卡尔竟然睡着了，就在音乐出现第一声不和谐的乐声时，卡尔醒了过来，并笑着说道：“听，那是我伯伯弹奏出的音乐。”

跟其他孩子“被绑架”的母亲一样，约翰娜·凡·贝多芬的反应十分激烈，她积极去寻求法律建议，寻求如何能将原有的判决改变，哪怕是让她再次成为联合监护人也可以。但卡尔所在的詹纳塔西奥学校声誉相当好，他在 1817 年这一整年的时间都居住在那里，这让约翰娜无法宣称自己的儿子没有得到好的照顾，她的胜算变得十分渺茫。后来，她可以每月见卡尔一次，这还是在贝多芬的逼迫下，她投资两千弗罗林给孩子当学费后，他才勉强同意的。为了这笔投资，她被迫卖掉了房子，才把这笔钱凑齐。贝多芬得知后，罕见地忏悔了一次。他在日记本中写道：

上帝，上帝啊，我的避难所，我的磐石，我的所有，您要是可以见到我的内心深处，您就会知道我的痛苦，我深深爱着卡尔，这才被迫去令另一个人受苦。

不过，没过多长时间，他又和詹纳塔西奥一块商讨如何排除她出局。

这一年，一种严重的带来低烧的感冒（支气管炎）长时间侵蚀着贝多芬的健康，他的身体被折磨得十分糟糕。这让他十分害怕，怕自己患得是肺痨，甚至说起了自杀，疯狂吐痰的习惯也在这时候养成。6月，一封来自伦敦的、已婚的费迪南德·里斯的信，让他在一段时间里变得很高兴。信中诚挚邀请他在下[illegible]季中前往伦敦，还代表伦敦交响乐协会请他创作“两部大型交响曲”，并提供了三百畿尼（Guine,旧英国金币,1畿尼=1.05英镑）的资金。对于他们的邀请，贝多芬毫不犹豫地接受了，但健康状况的不断恶化，使他被迫将这趟旅行和创作推迟。

1818年，贝多芬的健康状况在冬季过后进一步恶化，这终于让约翰娜等来了机会。当时的贝多芬已经耳聋到需要借助“对话簿”与其他人交流。他把约翰·施特赖歇尔样品室里音量最大的钢琴借过来之后，挣扎着要创作出一首史上最长键盘奏鸣曲，但创作出来后的作品却被当地称为《给槌子键琴的奏鸣曲》(第106号作品，降

B 调)。它最后的赋格竟有一百多个战栗的颤音，相当不和谐，这不由让我们去同情他加特纳大街的邻居。贝多芬将他的居住地方称作是“海滩”，但它的条件已经变得十分恶劣。他脾气变得很恶劣，甚至用一把重椅子击打了管家。在一片混乱之中，他头脑一热，从学校接回了卡尔，把他安置到“家中”。

约翰娜需要证据，证明贝多芬居家环境的恶劣，他已经不适合继续作为孩子的监护人。只有这样，才能让普通法庭为她的监护权立案。贝多芬也认识到了这一点，特意聘请了新的管家和厨师，去改善环境。他还雇佣了一个全职教师，取代詹纳塔西奥学校的人，专门用于教授卡尔知识。可有雇佣关系的存在就需要去管理。贝多芬无法信任他的仆人，对他们非常苛刻，甚至会就每一分的花费与他们进行争吵，甚至严格管控着洗碗布、盐和袜子的供给。每一天，他都会告知家庭教师今天该教授的内容。这个年仅十二岁且没有母亲的孩子需要在课后进行倾听，但贝多芬现在的身体状况已经完全做不到这点。

贝多芬努力地掩盖他作为一家之主的无能，以及他心灵和身体上的病情，这些他都不想让约翰娜知道。他竭力阻止约翰娜接触到卡尔和詹纳塔西奥，害怕他们说出实情，甚至掩盖否认卡尔正与他生活在一块的实情。约翰娜心灰意冷，在与儿子分离六个月后，她得到了一个转机，她博得了贝多芬仆人们的信任。

多年来，贝多芬一直宣称他的仆人欺骗、毒害、背叛了他，甚至还抢了他的钱，这让他频繁更换仆人。面对新的佣人，他没有一点改变，态度依旧恶劣和苛刻，这让仆人们的背叛变得理所应当。而约翰娜却给予这些仆人咖啡、糖和钱，仆人们积极地去回报她。在仆人们的安排下，在5月贝多芬和卡尔准备搬往附近的默德林之前，约翰娜得到了两年多来第一次与儿子单独在一起的机会，他们母子进行了一次秘密的会面。似乎是一张匿名便条，将这次会面的消息透露给了贝多芬。这让贝多芬大为恐惧。他急忙安排卡尔到默德林一个私立天主教班级里，解雇掉他的两位仆人。可木已成舟，这些消息都已经让约翰娜得知了。在给施特赖歇尔夫人的信中，贝多芬写道：

这件事深深震伤了我的心，想让我完全恢复过来，怕是不可能了……但还没到要送我进精神病院的地步。

他自以为对卡尔的管控已经开始有所松动，这让他在接下来的两年里产生了很多疯狂的妄想，如同一匹脱缰的野马，进精神病院似乎成了一个不错的选择。如果真是这样的话，或许他最伟大的交响曲、变奏曲套曲以及合唱作品都不会诞生了。它们可都是在他完成最伟大钢琴奏鸣曲后创作的，当时的他处在精神错乱当中，那些完美的杰出作品如同星云从太空中回旋而起那样诞生了出来。它们跟贝多芬其他作品一样，没有特别联系他的日常生活，也许就是因为这种平静的中心主义，这才没让他崩溃，保护了他。

9月，普通法庭一结束夏季休庭，约翰娜就向法庭提交了陈情书，要求把贝多芬对她儿子的教育控制权解除掉，但法庭拒绝了她的请求。接着，她又提交了一份陈情书，将贝多芬的耳聋和不良身体状况详细介绍，并请求送卡尔到国立机构（即帝国皇家精修学院）。当时，贝多芬正忙着请人给卡尔上课，希望卡尔可以进入学术高级中学而努力，对于法庭要求作证的传票，他直接选择了无视。可普通法庭传票上的“联合监护人”的字样和约翰娜的决心，让他不由有所担心，作为回应，他写下了一封简短的律师函。

在信中，他直接提醒法庭，因为之前判决凡·贝多芬夫人在“道德上没有行为能力”，所以她的根据不足以全信，再加上她故意转移注意力，转移到他的“耳聋——她所说的耳聋”上面，这些足以表明她“恶劣的品质”。他巧妙地避开“对话簿”这个话题，坚称自己可以“极为自如地”与亲近的人进行交流。他还说，精修学校探访规定宽松，这会让约翰娜不受管控，可以随意接近“我的监护对象”，还强调为了卡尔可以接受到最好的教育，他花费了大量的资金。“我对卡尔的好，就算是最温柔的亲生父亲都不一定可以做到。”10月3日，普通法庭拒绝了约翰娜的第二份申请。卡尔也变成了高级中学的学生，除此之外，卡尔还在家中额外学习音乐、法语和绘画的课程。12 月 3 日晚，卡尔留下一份尽是责备的信，偷偷离开了贝多芬，逃到了他母亲家中，开始尝试自己掌控命运。

第二天一大早，泪流满面的贝多芬闯入到范妮·詹纳塔西奥和她父亲的家中，并把信给他们看，说："我竟然成了他的耻辱。"约翰娜十分负责地给贝多芬写了信，说她会送回卡尔的，但他们很长时间没有相见，不会立即送回卡尔，要等到天黑之前再送回。这一举动，让贝多芬确信她要在这段时间里诱拐卡尔出城，带着卡尔逃到林茨弟弟家中。他的脑海中不由浮现出他六年都未曾与之说过话的约翰正与约翰娜密谋夺走他"儿子"的场景。

"看起来这个男人痛苦万分，"范妮在日记中写道，"他竟然哭了，这实在太让人感动了。"这一幕不由给她带来了莫名的快感。为了找回卡尔，贝多芬也急忙去寻求官方的协助。而约翰娜除了性格坚强外，她还十分了解法律事务。在她看来，这是一次绝佳的机会。于是，在四点钟的时候，她带着卡尔去了警察局，她想通过法律的手段去重新立案，光明正大地"夺得"卡尔。

对于回到贝多芬的身边，卡尔没有表现出任何的不适。他平静地睡在贝多芬的公寓中，展现出他平和的性情，这与他那在床上饱受折磨的伯父完全不同。很显然，在他出逃的这段时间里，从他口中，约翰娜和她的律师有足够的时间得知他们想知道的一切，包括证明贝多芬监护不当的证据。就像这次出逃，是因为卡尔怕他偷钱买糖果的事情被贝多芬知道，会受到惩罚，这才逃了出来。卡尔这种调皮的行为和来自贝多芬的威胁，足以证明贝多芬监护不当。

卡尔在第二天早上，也就是 12 月 5 日返回了詹纳塔西奥学校。一场法庭大战即将来临，这让贝多芬觉得，这个孩子需要由专业人士去照顾了。范妮这样写道："他告诉我，这件事深深绷紧了他的神经，他花了好长时间才将思绪理清，甚至他都听到夜晚中自己的心跳声了。""听到"，这个词语从一个耳聋人中说出，显得有一种特别的力道。

1818 年 12 月 11 日，贝多芬被普通法院传唤，并被迫听了一段证词。这段证词不利于他，甚至带有毁灭性。这天也成了贝多芬一生中最丢脸的一天。在被问询时，约翰娜和卡尔都显得十分冷静，实话实说，并明确表示对贝多芬没有恶意。在法庭的记录中，关于贝多芬有无虐待的问题，卡尔是这样回答的，"在他该被惩罚时，贝多芬会去惩罚他，从没有过虐待；但在他回来之后，他受到了第一次虐待，他的伯父竟然威胁他，说要把他绞死。"

约翰娜说，在被允许的情况下，她才能探访她的儿子，而"他并不在那儿"；被禁止探访她的儿子的事情却只字未提。她还向法院提交了一封富有感染力的上诉书，去支持自己再次得到联合监护权。这封上诉书是由她继父的兄弟霍夫孔泽皮恩特 · 雅各布 · 霍特什瓦书写的，他是一位贵人，一直是贵族家孩子的家庭教师，并且很熟悉贝多芬三兄弟。在论证中，他告诉法庭，贝多芬三兄弟都十分“怪异”，还引用了“路德维希”这个词五次；一再强调，这位作曲家拥有常人不具有的“好心”和“良善”。但人们一眼就能看出这个孩子的不凡，如果仅让贝多芬一个人去掌控的话，可能会威胁到孩子的幸福，甚至会造成孩子道德和身体上的扭曲。

接着，约翰娜给法院呈上了两份文件。一份是默德林的郊区牧师写的，在文件中，他写道：卡尔狡猾且不服从管教，用“渡鸦母亲”这一词就可以去操控他的伯父。另一份是卡斯帕·凡·贝多芬曾经的信，信中抱怨贝多芬以一千五百弗罗林的借款为借口，强迫卡帕斯签字转让监护权，“长期的患病花费了太量的资金，我只能被迫起草这样一份文书，如果不是这样的话，我是永远不会起草的。”也正是因为这两份文件，约翰娜针对贝多芬的案子彻底结案了。贝多芬只能咆哮着说，约翰娜曾贿赂他的仆人，还与默德林的牧师一块损害他的声誉，以此来为自己辩护。到底对约翰娜这位母亲有何看法，贝多芬曾询问过卡尔，卡尔说自己根本不爱她。贝多芬当时准备，不是雇佣全职家庭教师，就是暂时送卡尔回詹纳塔西奥。

但他接下来的傲慢行为却给他的这次争夺带来了毁灭的结果。速记员将其记录了下来：半年后，他会送卡尔去默尔克精修学校，别人曾向我强烈推荐过这所学校，如果是贵族血统，送到特蕾西亚学校也是可以的事情。

这让法庭抓住了重点，立即出击道："贝多芬兄弟真的是贵族吗，他是否有文件可以证明？"这直切要害，使他无法说谎，他回答道："凡，不是贵族专用的词语，而是荷兰名字中的表语；没有任何文件或证据可以证明我的贵族身份。"他失去了贵族身份，变得赤手空拳，在卡尔、约翰娜以及维也纳舆论界面前失去了尊严，更失去了他继续控制卡尔的最佳保障——普通法庭的贵族裁判权。但真相的坦白却是他自己召来的。12 月 18 日，约翰娜状告贝多芬的案子被安排到处理平民案件的法院处理，城市行政官法院受理了这个案子。到了第二年年初，法院暂停了贝多芬对卡尔的监护权，交由约翰娜行使，后到了行政法院举行听证会，这才让约翰娜彻底要回了孩子。第一次让法律夺走孩子的感觉让贝多芬几乎疯狂。2 月 1 日，他写下了一份言辞嚣张的信给法院，提出抗议，用词狂妄自大，还带有辱骂，甚至有些幼稚：

腓力二世对他儿子亚历山大的教育就很简单，找来伟大的亚里士多德给他当老师，为他指明方向，这并不损失尊严……一个母亲自己身处她那粗俗、邪恶的秘密环境中就算了，可她却还想带她的孩子一起进入……她企图把他心中邪恶的情欲和渴望都给唤醒……一个孩子的心中，要尽早种下道德感，尤其要在他不幸受到母亲的影响之前……

其实这封信算不了什么，并不是他在接下来一年中写的最疯狂的一封，可正是因为它，如同旋风一般，将作为普通人和作曲家的贝多芬卷入其中，陷入一连串诉讼、幻想、阴谋与极度亢奋的活动中，还带来了双重后果：痛苦时刻伴随着卷入其中的所有人；而与此同时，却产生了超出想象的、纯粹的、庄严且宏大的音乐作品。除了给歌德的《星空下的夜空》创作配乐，在 1819 年和 1820 年年初，他还创作了一批作品，《庄严弥撒》的前两个乐章、《E 大调钢琴奏鸣曲（Op.109）》的第一个乐章、《迪阿贝利主题变奏曲》三十三章中的十九段，不过这个阶段，他搁置了《第九交响曲》的草稿。其实他早在脑海中谱写完了那想象力丰富的第一乐章，只是还需要去进一步规范这部作品。

3 月 26 日，行政官法院为了回应他这封信，指派出他们自己的一名顾问马蒂亚斯·冯·图舍尔去当作卡尔的联合监护人，以此取代贝多芬。这让贝多芬很受伤，但没有完全丧气。早在这之前，他就觉得图舍尔是一个可以接受的替代者，所以也推荐过他。这位人脉广大的著名作曲家似乎很受行政法院的照顾。但也不能忽视一些事件，比如，贝多芬在还是卡尔监护人时，曾粗暴地将孩子从椅子上拉下来，使孩子疝气的伤口再次受伤流血，这让贝多芬很是尴尬。

6月，行政官法院被约翰娜成功说服，他们送卡尔去了约瑟夫·布罗希林格尔创办的声望很高的男校。约翰娜还得到布罗希林格尔的允许，她可以跟其他父母一样，随时去探望她的儿子。这让贝多芬难以忍受，他丝毫不顾及他侄子充满爱意的来信，直接给校长写信道："我的心如同被撕扯碎了一般。"

为了保护卡尔，不让他遭受到贝多芬妄想症的伤害，约翰·凡·贝多芬选择了跟约翰娜一块配合行政官法院，这导致他也成为了贝多芬妄想症的憎恨对象。现在的贝多芬，早已成为维也纳人茶余饭后的谈资了。在给歌德的信中，德国作曲家卡尔·弗里德里希·策尔特写道："甚至有人已经说他是个疯子了。"但我们不能否认贝多芬心中的好意和对卡尔的爱。在1819年夏天和初秋时期，他利用安东妮·布伦塔诺的影响力，放弃了未来四年能时常见到卡尔，执意送卡尔到巴伐利亚一所顶尖的寄宿学校。但这遭到了行政官法院的拒绝。卡尔和贝多芬住在一块的短暂时间里，住家仆人、家庭教师和前来拜访的人络绎不绝，时时刻刻都有人在看着他们。没有丝毫证据可以表明贝多芬想"全部"拥有卡尔的愿望是生理上的，要是真的有任何恋童癖行为的消息传来，那约翰娜会轻易放弃吗？

似乎是自我强加的困难，导致贝多芬一次次地推迟，无法用最激烈的能力冲向和声的解决，需要等着最后一次和弦。贝多芬这样的作曲方式仿佛与他赢得官司的方式一样，国王弗朗茨一世亲自把约翰娜最后一次的上诉给驳回了，赢来了最后一次和弦，使他对交响曲的任何一段都很满意。1820 年 1 月 7 日，他在普通法庭败给她三次后，向帝国皇家上诉法庭提出了上诉，申请法庭收回之前对他监护权的撤销。除此之外，他还依附上一封悲情请愿书，它长达四十八页，内容浮夸疯狂，读过的人都觉得应该送他去精神病院。似乎是贝多芬亲自游说三名法官中的两名发挥了重要作用，在行政官法院的执意反对下，受理上诉的法官还是做出了对他十分有利的判决。卡尔的相关事宜再次被法院委托给了贝多芬，并且还有法庭指派的顾问卡尔・彼得斯来当友好的联合监护人。卡尔未来三年都将待在布罗希林格尔先生身边的建议得到双方的同意。约翰娜于 7 月 24 日被告知案了已经结案，当时的卢多维卡正在健康生长。

在路德维希・凡・贝多芬一生的很多画像中，存在着众多空白，他母亲、卡斯帕、约翰娜，这些画像都没有出现过，但最让人好奇并遗憾的还是一幅贝多芬本人画像的遗失。它绘制于 1818 年夏天的默德林，当时的他还拥有贵族身份，正处于失去大部分理智的漫长的时间里。幸好画家奥古斯特・冯・克勒贝尔用文字把它记述了下来，并且还有部分铅笔卡通画，现存于波恩的贝多芬故居里。这让我们可以推测出来个大概：贝多芬直立在那里，手上拿着一支铅笔和一个笔记本（在我们看来，里面应该写有《槌子键琴奏鸣曲》的部分内容），身着一件浅蓝色的双排黄扣外衣，里面是白马甲，还佩戴着白领结。风吹乱了他银灰色的头发，满脸是被晒成棕色的凹坑，显得很是坚韧。尽管他的表情严厉，却十分安详。因为他那永远十二岁的“挚爱的儿子”正在他脚下的树下懒散地躺着。

第八章　晚年生活

“就如同是在我们所有的创造活动中，”贝多芬在写给鲁道夫大公的信中这样说道，“在艺术的世界里，自由和进步已经成为最主要的目标了。”此时的卡尔已经被安全送进布罗希林格尔的学校了。

在1819年，贝多芬完成了《庄严弥撒》的开篇乐章《慈悲经》和庞大的《荣耀经》，甚至还有更为宏大的《信经》中的一部分。但他也开始看到，这些作品的规模完全比不了这部作品，自己已经无法按时完成作品，再加上他的诉讼案件将在鲁道夫受封后一个月才结束，这让他被迫将这些都放到一边，集中精力投入到诉讼案件的最后阶段。

不过，虽然教学让他苦恼，官司让他狼狈，但他依旧从中获得了双重解放，并很高兴地将它们转换成为“自由和进步”，在他看来，这是作为艺术家的两项孪生的需求。在作曲的创造性方面，或许是觉得无法用文字来表达，贝多芬极少谈起这些，这也让一封写给鲁道夫的信中的建议变得更值得我们去斟酌了。在信中，他明确说明，“自由”需要充分运用想象力，完全不受束缚；而“进步”，如果没有学识的支撑，则无法达到所达成就的持续的独创性。巴洛克的音乐与莫扎特和海顿的音乐存在很大的不同，这让我们很有必要去研究巴洛克大师。“只有德国的亨德尔和塞巴斯蒂安·巴赫是他们中间真正拥有天赋的人。”这让我们深思，就算是不如他们的大师，或者是他们之前的作曲家，至少可以追溯到帕莱斯特里纳，他们身上都有东西值得我们去学习去探究。他们对位法的复杂性深深折服了贝多芬，让他钦佩不已。他直接告诉鲁道夫：“在完整性方面，我们这些现代人完全不及我们的前辈，但在习惯方面，我们取得了进步，同时也扩展了我们的观念。”

他这是在详细阐述他新风格的本质特点，在献给鲁道夫的《槌子键琴奏鸣曲》中，这种新风格就表现得十分明显：转调和变奏的自由存在着极大的空间，音乐的进展意识正在走向前所未有的地步，乐段里的对位法如同固体般的紧密，但又能出人意料地转换为喜歌剧般愉快动听的旋律，还有一种与长度无关的整体宏大感觉。很难想象，还会有什么乐曲可以比《槌子键琴奏鸣曲》的终曲有更长的赋格。很显然，贝多芬与他的后继者和他的先辈，都没有太大关系。舒伯特到底是谁，他根本不知道，也不关心。但继承人勋伯格和布索尼，却能与先辈巴赫齐肩，共同出现在这首赋格中，贝多芬则写出钢琴发出的最为吓人的声音，一直到李斯特晚年，这才有过之之作。

相比之下，《槌子键琴奏鸣曲》的慢乐章，却具有永恒的品质，它不仅向前看，还向后看，将过去、现在以及标新立异的构想糅合在音乐中。贝多芬独有的音效：如同是“从地窖中”发出的深沉低音，持续相互作用的弱音和不加弱音的弹奏，还有那风铃回响般的不规则单音。和声的宽广依旧是最引人注目的：比起以前任何时候，似乎钢琴的最高和最低音域都要隔得远些，但同时又有同一个重力中心将它们控制在一起。

贝多芬早在他开始写《庄严弥撒》之前，就明确确立了它的风格，他的风格是一种普世的风格。鲁道夫“庄严的一天”来了又去，这让贝多芬下定决心要将它变成自己的代表作，不再着急去完成这部作品。从《费德里奥》和《英雄交响曲》中，贝多芬总结出了经验：伟大作品的诞生都会有属于它们自己的契机。他三十多岁时才华满溢的灵感洪流至今没有再回来的迹象，但也时不时冒出新的想法，并且他现在已经不需要为它们的完美去挣扎了。他在这些日子里，主要的任务是去避免旧调重弹。他绝对不写传统音乐，就算是莫扎特大量写就的那种也不可以。他的脑袋里如同有一个隔音盒子，他把每个音符量大小，称轻重，测试力度，随后再放入这个隔音盒子中反复试听。

耳聋再加上眼睛的近视，这让贝多芬对自己“封闭的感官”抱怨已久，可事实却是，“另一边寂静”的生活在他适应之后，极大丰富了他音乐上的声音。英国人约翰·罗素，曾在1820年造访过维也纳，更是罕见地看到过这位秉性怪异的作曲家在琴键旁与自己交流的人，事后，他曾这样描述：

他通常在弹钢琴的时候，连一个音符都弹不出来，但声音却出现在他自己“思想的耳朵”里。可他的眼睛和几乎无法察觉的手指动作却表明了一切，他借助即将消亡的音调，跟随着灵魂中旋律的变化。实际上，这件乐器已经不再出声，就如同音乐家自身听不见那样。就像他为歌德《平静的海》创作的配乐，巧妙地分开表达“死一般平静”（To-des-stil-le）的音节，分别吟唱辅音在拨奏曲中，说它是拨奏，还不如切合实际地说是手指轻抚而过。

贝多芬将声音的分解变成了艺术。他的残疾有时也会导致失误的产生，当然这种情形很少发生。就像在第八交响曲的第一乐章中，低音主题的回归就被管弦乐队的巨响给盖住了。实际上，贝多芬晚期一些非常“丑陋”的乐段是他故意做的，并不是意外，它们仅在程度上与巴赫作品中的相似时刻有点区别。他如同对每个微妙区别的计算那样，精确地“听得到”不协和音，就像在《庄严弥撒》

中寂静的“圣灵感孕”部分。这部分音乐被标记为“极柔和”，十分细腻，如同文艺复兴时期维奥尔琴的合奏那样，要求有一支弦乐队，它被极度压缩，用收紧的、无音调的和声将其音乐展开。颂扬圣母玛利亚受孕奇迹的独唱，配合着合唱队男声的吟唱，于此同时，长笛演奏出极高音区，独奏出鸟儿的叽喳鸣叫声，圣灵得如同鸽子一般。

对于弥撒和它的神话，贝多芬有着更为广泛的研究，他可能相信一个说法，这个说法自中世纪便在牧师中广为流传：圣母是从她耳朵中受孕的。贝多芬听到这个说法是从波恩教堂的钟声和格里高利的圣咏开始，这让他狂喜。在他看来，宗教和音乐中间都属于神迹间的互相对话。到了晚年，贝多芬更喜欢对他人保密自己的灵感源泉，对自己的耳聋却丝毫没有怨言。

在个人信仰方面，他就表现得比较通达了。卡尔与他住在一起的时候，他每天早晚都坚持跪下祈祷。他会通过说或写正统虔信的话语去面对压力。但他不喜欢去教堂。在他看来，表达一种模糊但自由的普遍自然神论更具有重要性，甚至超过了正统的天主教义。在他看来，自己的《田园交响曲》根本不是音乐印象主义，而是一种宗教式表达；为了避免有人说他仅写幼稚的“音画曲”，他还特别形式化地处理了作品中对鹌鹑、布谷鸟和夜莺的模仿。

然而，为了《庄严弥撒》，贝多芬做了十分充分的研究，这使他对基督教神学产生深厚的兴趣，于此同时，他开始从各种宗教著作中寻找慰藉，去治愈诉讼所遗留下来的伤害。约翰·米夏埃尔·赛勒，自由派天主教改革家，安东妮·布伦塔诺的朋友，贝多芬曾主动与其通信，并在信件中摘抄宗教格言，比如地中海、印度和远东地区的格言。其中有三句话让贝多芬印象深刻，那是三句古埃及咒语般的话，他特意用大写字母抄下它们，裱进玻璃框中："我就是存在"，"现在、过去和未来的所有存在都是我，我真实面纱是在世的人不曾揭开过的"，"人是独立的自我，一切的源头"。这些文字都符合他的自我中心主义，从弥撒曲四音符的"Cre-do, Cre-do"曲式中，我们就能听出那种单音节式的自我确定感。

为了构建恢弘的音乐结构，贝多芬前后花了三年多的时间，以音符为砖，逐个音符地进行这种构建。要是算上他之前写成的部分，这部作品总共花了四年时间，是他创作时间最久的一部作品。当然它也不是一口气完工的，他分散出专门的时间去创作这部作品，这些时间加起来也有二十九个月之久。在这段时间里，他的创作力逐渐恢复，开始创作出大量的优秀钢琴曲。可以说《庄严弥撒》是他除《费德里奥》之外最长的作品：长达八十分钟的音乐，壮丽、亲密、缥缈、粗犷等各种风格相互切换，就其对演唱者和听众绝不妥协的态度来看，简直称得上粗暴。这让贝多芬确信这部作品代表他信仰的表达和所有技巧的顶峰，完全可以与巴赫的《B 小调弥撒曲》

相媲美，甚至在文本的整体性方面也远超过于它。巴赫早年出于不同目的的创作的音乐累积构成了他弥撒曲的大部分，而贝多芬的弥撒曲则是直接切削一块岩石出来的。

贝多芬在鲁道夫受封后，在重拾《信经》的创作前曾接受了一项委托，去创作新的钢琴奏鸣曲，而且是三首。那年夏天，在默德林安顿好之后，他立即投入到第一首的创作中《E大调钢琴奏鸣曲（Op.109）》。这部作品的行程也很奇妙，它是从两个音符的微型动机发展而来的，如同蒲公英的种子从大教堂的门里飘出那样，这个动机一直在《庄严弥撒》的草稿本中漂浮着。他在给鲁道夫的信中所说的“精进”和“被拓展的构思”，可能指的是贝多芬晚期风格的根本悖论——极其微小的细节也包含在其巨型气势中。

随着时间的推移，奏鸣曲接连被创作出来，再加上在弥撒曲上花费的时间，在贝多芬的身上出现了早衰的迹象。在现代医学研究者看来，贝多芬从维也纳会议以后，就已经是“一个健康状态从未恢复过的人”。1820年12月16日，在他五十岁生日时，他的身体状况已经十分糟糕，众多疾病纠缠着他，其中就有溃疡性结肠炎、风湿病、肺炎、热病、心脏疲劳、急剧下降的视力和不断复发的头痛。当然，在这段时间里，他身体相对好点的时候也时常出现，这让他有短暂的欢愉时刻去享受自己矮壮、亢奋的身体带来的狂喜。

但到了 1821 年，整整一年他几乎都疾病缠身，刚开始时是一场长达六个星期的风湿热，这场疾病几乎要了他的命。甚至《大众音乐报》都公开报道:“所有艺术界的朋友都在担忧他。”与此同时，黄疸也长期折磨着他，这是肝脏疾病的征兆，这不由让他对自己的身体有所担心，觉得自己已经濒临死亡。5 月，他十分认同的普罗米修斯式人物——拿破仑去世了，这让他深受打击。他身体的活力也在不断衰弱。可能在他看来，《英雄交响曲》中的葬礼进行曲是最合适的作品，他说:“为了那个末日，我早已写好了恰当的音乐”，并拒绝再写悼念作品。或许他是回想起，在十九岁时他给另位帝王写下的葬礼曲目。在此期间，贝多芬开始说要返回莱茵兰，并说“我要去我父母的墓地拜谒”。另外，他还推测，他可能跟他祖父路德维希那样，最终会死于中风。约瑟芬 · 戴姆在那一年也去世了，对此，贝多芬保持了沉默。他继续用修饰过的言词与“不朽的爱人”保持通信，但再也没流露出什么关于异性爱情方面的兴趣。在他的晚年，他的朋友、帮助或安慰他的人，全都是男性。

贝多芬依旧令人不安，他总是在奇怪的时刻听见奇怪的声音。可惜，在大部分时间里，就算站在他面前大声喊，他也听不见。他越来越熟练地运用他的眼镜去“听”，对于别人写下来的问题，他也总是热心地进行审阅，并且经常用铅笔进行作答。他的作品在排练时，通过琴弓和手指的动作，他就能立即辨别出哪位乐手的演奏没有按照乐谱。他越发不依赖于钢琴作曲。但英国约翰·布罗德伍德公司送给他的礼物却让他有所满足。那是一件六个八度的乐器，由桃花心木制作而成，还有一个锡制的圆顶在它的顶部，他弹奏的每个音符都会被它收集并反弹回去。

我们不免可以去大胆猜想，《降 A 大调钢琴奏鸣曲（Op.110）》的最后几个极强音和弦，就在这间音乐室中回荡，1821 年的圣诞节，贝多芬终于完成了它。在这遭受病痛折磨的一年里，这部作品是他完成的唯一一部大作，与此同时，他也一直进行着弥撒曲的写作，并没有被经常性的腹泻击倒。新的一年，他又遭受耳痛的折磨，他曾在信中描述，“我的老毛病来了”，随后的痛风更是折磨得他不轻，前后折磨了他好几个月，其中有两个月他几乎被折磨得卧床不起。然而，他的创作力突然就爆发了。他不仅在 1822 年完成了《庄严弥撒》的第一份全稿，还构思出了两部彼此不同的伟大交响曲，与贝多芬其他所有交响曲相比，它们都不一样。作为他最后钢琴奏鸣曲的《C 小调第 32 奏鸣曲（Op.111）》也被创作了出来，他还创作出了编号为第 119 号作品的十一首小品，《向剧院献礼》的序曲，以及一些合唱曲或歌曲。一直被搁置，持续了好几年的作品——三十三首一组的《迪阿贝利主题变奏曲（Op.120）》终于也被创作了出来，这是他篇幅最大的钢琴作品。它不仅是惊人的恶作剧，更是智力上的绝技，也就只有巴赫的《哥德堡变奏曲》可以相提并论。

1819 年，维也纳的音乐出版商安东尼奥·迪阿贝利为了根据他自己所创作出来的圆舞曲主题，特意邀请五十位作曲家去创作变奏曲，其中就有舒伯特和匈牙利神童弗朗茨·李斯特。贝多芬不屑于掺和到这些低端人中间，更不情愿去写“鞋匠的补丁”式的音乐。但在他看来，圆舞曲的和声结构很有吸引力。它能支撑起任何重量的音乐，听起来就好像是三十三个不同作曲家完成的变奏曲全都出自一人之手那样，它足够强大，甚至比迪阿贝利原来的五十首曲子要更加高超。1823 年 6 月，出版商在这组作品单独出版时，运用了至今适用的广告词，用了十分罕见的表达：

在这里，我们将给你们呈现一部伟大而重要的大师杰作，它不是变奏曲世界中的平凡之作，可以说它完全有资格与永垂不朽的古老经典作品相媲美。

贝多芬把《迪阿贝利主题变奏曲》献给了安东妮·布伦塔诺，以此来表达音乐和她在他心中的重要性，这是用文字无法表达出来的。那时的贝多芬脑海中充斥着音乐的想法：“在我看来，全都像刚开始作曲那样”，他不仅要去写拖了很长时间的《第九交响曲》，还要去完成俄国鉴赏家尼古拉斯·加利钦亲王的委托，创作出三部弦乐四重奏。但在这之前，他还要处理好《庄严弥撒》的大量手稿，这对他来说，可是一个大累赘。因为完全是他自己的缘故，才导致这部作品没有卖掉。他现在已经确保卡尔是他的“儿子”和继承人，于是他的新执念就变成了推广这部弥撒曲。在此之前，迪阿贝利已经支付给他了一千弗罗林，还支付了两百弗罗林给三十三首变奏曲。只要他同意，这部作品就能马上出版。可他希望这部作品可以带给他空前的声望和巨大的财富。对于这部作品，他坚信并宣称道：“迄今为止，它是我创作出的最伟大的作品，它可以巩固我的一切，还能带来永垂不朽的声名。”

《费德里奥》的多次演出让贝多芬再次回到了公众的视线，对于《庄严弥撒》的手稿，各方也都展现出了浓厚的兴趣，在1820年鲁道夫受封之前就达到了空前强烈的地步。伦敦、巴黎、莱比锡和柏林的出版商激动万分，纷纷前去拜访贝多芬，可没过多久，他们又接连转身走人。他们不是被贝多芬与他们沟通时的虚伪谎言激怒了，就是对虚伪的谎言感到困惑不解。后来，为了证明《庄严弥撒》背后的天才不像谱号那样扭曲，这些感觉十分尴尬的“圣徒传作者们”一直在不懈努力。

说到“圣徒传作者”这个词，这个阶段的安东·费利克斯·申德勒是必须要提的人物。从1822年11月开始，申德勒就一直在拍贝多芬的马屁，他就像七鳃鳗那样，紧紧吸附在贝多芬这位他所认为的“伟人”身上。他明明是一位有抱负的小提琴手，但他见到贝多芬苦于应付弥撒曲谈判并且急需助理时，就来到了贝多芬身边，甚至荒废了自己的学业。贝多芬死后，申德勒打着“贝多芬的朋友”的旗号四处招摇撞骗，还伪造文书，甚至写下了一部影响力极大、极度扭曲事实的传记。但他是助理时，对主人还算得上尽心，直到两人发生争吵，他才会离开，但他还会再回来的。

刚开始时，贝多芬到底对申德勒有多少信任度，我们无法从对话簿看出来。但一封保存下来的、日期为1822年11月22日的信件却明确表明了《庄严弥撒》的现状，为了讨价还价，它已经被分成了两部弥撒曲。在给莱比锡彼得斯出版社的信中，贝多芬说道：

> 现在《弥撒曲》的状况是这样的，我已经完成了一部，但另一部尚未完成，你究竟会得到哪一部弥撒曲，我真的不知道。我已经引起了各方面人的厌倦……

接着就是他的各种抱怨，讲述各种无法让他安心创作的情况。

那年早些时候，贝多芬就以至少一千银弗罗林的价格，把《庄严弥撒》卖给了彼得斯出版社。只可惜，在被他哄骗和拖稿的众多出版社中，彼得斯只是其中一家。波恩的尼古劳斯·西姆罗克是第一个想到根据合同出版弥撒曲的人，他很骄傲，因为他曾出版过《克莱采奏鸣曲》。早在《信经》还是草稿时，贝多芬就把它的出版经纪人指派为安东妮的银行家丈夫弗朗茨·布伦塔诺，然后顺利从尼古劳斯·西姆罗克身上弄来了钱，提前借到了全额现金。1821年，贝多芬向布伦塔诺做出保证，保证弥撒曲已经全部完成，可暗地里他却以一千弗罗林的售价，把它交给了柏林的阿道夫·施莱辛格。经过一番讨价还价，施莱辛格最终以九百七十五弗罗林的价格买下（或他以为买到了）它，接着，贝多芬又把它卖给了彼得斯，价格还是一千弗罗林，还得到了三百六十弗罗林的预付金，把另一份预定了出去。然而，还没等到这笔钱在他银行的账户中放安稳，他就迫不及待地再次卖了它，这次买它的人是维也纳的阿塔利亚。在信里，他用之前提到过的“两部弥撒曲”去抚慰彼得斯，同时强迫西姆罗克许诺，许诺给他一千弗罗林。到了1823年，《庄严弥撒》已经进化成了三部弥撒曲，但没有一家出版商见到过其中一部。接着，他又想到手稿本，准备为宫廷私人订制收藏印刷出一批精美的手稿本。他想通过这样的方式得到金钱和奖章，而且还希望那些统治阶级慷慨地给予。以印刷版本不会在短时间内出现为条件，共有十个订户预定了手稿本，价格是每份五十达克特金币。十个订户中有俄国沙皇亚历山大、法国国王路易十八，以及自始至终都忠诚的鲁道夫。就在这时，迪阿贝利也想得到弥撒曲，并且出价一千弗罗林去购买，这让贝多芬开始有所担心，担心在副本没给赞助人之前，他就卖了专有权，这样可能会产生严重的后果。他至少要等到预定本上的一些墨迹干了后。但他又卖了弥撒曲，这个购买它的出版商是阿道夫的儿子——莫里茨·施莱辛格。在巴黎，他单独开了一家出版社。类似于这种提案，莱比锡的普罗布斯特出版社也收到过。与此同时，美因茨的朔特兄弟出版社邀请贝多芬围绕他们出版社的杂志写一篇文章。而这个要求则被贝多芬拒绝了，但他们得到了贝多芬的弥撒曲和新的交响曲，贝多芬以一千六百弗罗林的价格卖了它们。通过预定，贝多芬已经得到了比预想多一倍的钱。最终在1825年1月，《庄严弥撒》的手稿被送到了朔特出版社。

六年来，类似的出版牌戏频繁上演，这仅仅是其中一幕，更不用说那些关于大小作品的其他谈判。贝多芬十分依赖申德勒和其他中间人的帮忙，但要是说他们也参与到了贝多芬的欺骗行为，却没有丝毫的证据，除非有贝多芬亲自作证。现在问题的关键就变成了他是否是有意进行欺骗，也就是说，他在进行欺骗时是否头脑清醒。这个问题，我们无法直接下结论，但可以从他这些有关的通信中看出些端倪。我们经过客观解读，可以看出他是位知识渊博的人，但他缺乏安全观，认识能力也不足，甚至不足到无法正常处理自己事务。在他看来，他每天所想象的、希望给予的、承诺的，全都是合法和真心的：它的合法程度远超昨天签下的任何合同，它的真心程度要比任何过期的债要高很多。在他的理解里，音乐就是唯一的货币。面对要他退还预付金的法律文书，他不是给一包零散还没出版过的小作品，就是塞给他们一部“快要完成”的新作，以此来应付他们口中“还没开始写”的说法。

在算术方面，他也遭受到了严重的挑战——不懂乘除，甚至连加减法都会出现无数的错误。但他丝毫没有畏惧，在他生命中的最后几年里，他对算术产生了狂热的兴趣，他甚至把运算的魔掌伸向书的空白边缝和厕所的门。在他看来，挑战是最能激发斗志的方式：问题越是困难，他就越发地兴趣盎然。他认为，“困难是美的，还是有益的，更是伟大的。”这些困难放在与他志同道合的音乐世界里，将会给他带来美和秩序，可放在生意场上，却不是那样。就像他朋友所说的那样，这会让他脑子更加混乱。

尽管理解力缺乏，但这丝毫不妨碍贝多芬推销自己的商品。他在《庄严弥撒》上用了许多“诡计”，这也给他带来了很多不利，给别人对他的印象抹了黑，让他在整个音乐行业里失去了信任。一个伦敦出版商曾告诫经纪人查尔斯·内亚特道：“啊，看在上帝的面子上，我告诉你，千万别从贝多芬手上买东西，不要买任何东西！”但回过头来看，贝多芬所有弄虚作假的谋划，你会发现其中的迷惑总是被强制力所压迫。其实他的一生也是一样：他丝毫不考虑自己是否可以胜任，就拥有一种强烈欲望，一种想拥有并控制所有人和事的欲望。在奥地利诗人弗朗茨·格里尔帕策的口中，贝多芬“变得如同头野兽”，而且这些字还都被画上了横线。贝多芬留存下来的信件高达近一千七百封，与生意有关的占据了绝大部分。从中我们可以得出结论，贝多芬本质上就是一位善于摆布他人的高手，他制定计划，但拖延、指挥、哄骗，吸纳新人、拒绝他人，经常会堂而皇之地说谎。如果他的受害者们没有生气，那简直可以说是奇迹了（弗朗茨·布伦塔诺就是受害者之一，并且一直没有原谅他）。但从更高层面上来讲，贝多芬的音乐是可以轻松操纵的：主题和声组总是以对立面的形式出现，它们被强行组合、捆绑、分离，然后被更加混乱的方式强行击碎，最后又被强行聚合在一块，力量之大，使它们融合得万分紧密。

到了1822年年末，这股力量达到了最大值，那时他每天花费在写作上的时间高达十八个小时，对《庄严弥撒》的最后几页进行最后的修改时，他情绪高昂地说：“真心感谢上帝，感谢让伟大的贝多芬可以作曲。”几乎在同时，有两份来自外国的委托找到了他：一封是加利钦亲王想请他创作“一首、两首或三首新的四重奏”，另一封信来自费迪南德·里斯，他代表伦敦交响乐协会请他创作出一首新的交响曲，并出价五十英镑。要说挣钱，前一份委托可能会挣得更多（加利钦愿出任何价钱），但贝多芬更渴望力量和挑战。这两份委托，他都接受了，并说出了一个模糊的交稿日期，然后全身心投入到《第九交响曲》的创作过程中。

可以说，这部作品是他所有作品中酝酿时间最长、最具有野心的尝试，远超《庄严弥撒》，它不仅调动了他所有的技巧，还包囊了管弦乐和合唱。前文曾提到过，年轻时贝多芬曾发誓要给席勒的《欢乐颂》“一节一节地”配上乐曲。还有在1815年当他走过那个繁星满天的夜晚中，脑海中曾闪出来的主题，以及他在1817年曾写下一片草稿，这是一个充满力量的乐章。这些曾经的遗憾都在这次最具野心的尝试中试图去一一弥补。

1824年5月7日，这首伟大的作品在维也纳凯伦特纳托尔剧院进行演出，观众座无虚席、情绪高涨，取得了非常轰动的效果，我们或许可以从中估算出它所蕴藏的力量。在年初时，曾有谣言说贝多芬要定柏林为《第九交响曲》欧洲首演的地点，还说他已经对维也纳的音乐品味不太认同。这些谣言都是真的，而且加利钦亲王也把《庄严弥撒》的首演定在了圣彼得堡，并且将会同时进行。这让维也纳人士按捺不住了，二十位维也纳权贵人士联合起草了一封请愿，并公开发表在《剧院报》上，请求“这位我们所有人都必须承认是所有在世人中最重要的人物”，请求把首次聆听“您创作出的最新杰作”的机会给予维也纳。对此，贝多芬十分满意，并接受了他们的请求，同时把他人生中最后一场大型音乐会交给申德勒筹划。

弥撒曲篇幅非常宏大，这让音乐会只能演奏其中的三段。演奏它之前，先演奏的是《献给剧院》的序曲。宣传单上写的“大型交响乐”在幕间休息后登场，“独奏与合唱组合完成终曲，表演的是席勒的《欢乐颂》”。尽管贝多芬已经无法亲自指挥，但在一片鼓励声之下，他还是与米夏埃尔·乌姆劳夫共同登上指挥台，亲自把全部四个乐章的节拍给定了下来。

交响乐历史上最具有革命性的声音也因为他的下拍[1]而产生了：看起来一个长久地盘旋着、几乎听不见的空五度和弦处在静止状态，但实际上却是在酝酿风暴。一连串断断续续的 A 调空五度，在远高层云的天际，如同远方闪电的投影，极轻、极慢地飘落下来。它们重复不断，声音变得更加频繁，但没有变得更响，任何的加速感都被盘旋的空五度和弦给阻碍了。A 音上笼统的低音加入到零散的管乐器上。突然，不合拍的 D 音出人意料地从一支低沉的巴松管中演奏了出来。依旧没有渐强的迹象，另一种额外的纬度立即充斥着整个音乐厅的空间。这可不是 A 调的交响曲，这是 D 调的史诗。断断续续的空五度和弦开始疯长，逐渐从低鸣变成了咆哮。然后，所有元素合成了一个巨大主题，用极强音砰然砸下。就这样，贝多芬的《第九交响曲》正式开始了。在这个世纪余下的时光里，交响

1　下拍，向下一挥，指乐队指挥表示一个小节的第一拍。

乐作曲家不断尝试创作出比它更为宏大的音乐，但最后都是徒劳而返。

关于下面事情发生的准确时间，一直有两种不同的说法：一种是在谐谑曲之后（“闪现的”主题被它突然扔出正拍的定音鼓独奏），一种是在合唱终曲之后（高潮般的颂赞和欢乐被它带来，并去拥抱亿万人民的二重赋格）。不管何时观众的情绪会因喜悦而爆发，贝多芬都是背对着音乐厅站立着，全身心沉浸到面前的乐谱中。这让十几岁的女高音卡罗琳·翁格尔，独唱歌手中的一员，只能悄悄上前，拉着他外套的衣袖，领着他转过身来，让他可以去亲眼领略这激动人心的场景。

后来，在对话簿中，申德勒这样写道：“听到这般狂热且衷心的喝彩，这还是我人生中的第一次。”实际上，观众狂乱的喝彩声前后四次打断了交响曲的演奏，直到市警察署长站起来号召大家保持秩序，才有所改观。但狂热并没有席卷到帝国包厢里，因为它里面就没有人。可在十年前，贝多芬《荣耀的一刻》的首演会上，那时的欧洲皇室还是十分敬仰贝多芬的。或许此刻是他职业生涯中最奇怪的转折点，他转变成了人民的英雄。不仅是因为《第九交响曲》取得了非凡的成功，更是因为贝多芬在这部作品中以不失水准的智慧高度奏响了打动平民主义的音符。这部作品中对位法和曲式上的复杂性以及各种细节，深受鉴赏家们的膜拜，就比如慢乐章主题中冗长且痛彻心扉的C调花奏，简直让人无法承受。但在那让人不由自主跟着吟唱的、圣歌般的旋律中，在最后五遍“全人类”的祈祷中，亿万人民他们自己清楚地感受到，这音乐是真的对他们自己说的。

四年前，差不多是在贝多芬赢得卡尔的监护权，并逐渐从音乐和精神方面的混乱中摆脱出来时，一首标题为《解放了的普罗米修斯》的伟大诗歌发表了，它的作者是与贝多芬同一时代的形而上学者珀西·比希·雪莱。但凡读过这部作品的人都不会忘记它前言文字所制作出来的意象：“思想的云将它收集的闪电——释放出来。”雪莱这是在对即将诞生的浪漫主义进行描述，同样的，他的比喻也适用于《第九交响曲》的开篇，而在贝多芬心里，这种浪漫主义早已成型。而且浪漫主义在音乐中也是随处可见，在那风暴最终爆发时，有众多星光的搏动、渴望的和声，以及数量相同的击出的闪电。

同样的，雪莱接下来这句“制度与观念间的均衡……都将重建”也很适用。艺术家贝多芬把他最后一部向公众演出的作品释放了出来。终于在1824年夏天，他彻底自由了，他自从接手《拉祖莫夫斯基四重奏》后，一直想做的事情终于可以放手去做了——全身心投入到最需动脑筋的音乐媒介当中。眼下的他还需要去写一些短小的钢琴曲，这些钢琴不是写给别人，正是写给那无法辨别降E调符号与耳环有何区别的约翰·凡·贝多芬。之前在卡尔的教育问题上，这两位兄弟发生了严厉的争吵，最后两人和解。约翰现在是个富人，这个原因在很大程度上推动了两人的和解。退休后的约翰十分富裕，在克雷姆斯河附近的格勒圣多夫购买了一座大房产，还保留了一间城里的公寓。当贝多芬的财政偶尔发生混乱，急需借钱时，约翰总能第一时间借给他一袋子银币。这让贝多芬与他促进感情成为了必须，容忍和回报成了常事。约翰是个好人，十分的和善，自己明知不如他的那位名人哥哥，但又渴望那些久经世故的家伙们可以认可他。因此，贝多芬送给他一组小品曲当作礼物是再合适不过的了，在他高兴之余，贝多芬还能有所获利，而之前贝多芬欠他一千五百弗罗林的债务应该不用还了。

接下来，贝多芬解雇了申德勒，对于申德勒的付出，他丝毫不懂得感恩。他甚至在书信中写道，“我感觉到一种恐惧，因为你的缘故，早晚有一天巨大的灾难会降临到我的身上。”接着他返回巴登修养，并将《钢琴小品六首（Op.126）》彻底写完。到了6月，他做出了一个重要决定，决定沿用他从前许多“英雄主义”作品所用的音调，把加利钦亲王要的弦乐四重奏的第一部定为降E大调。贝多芬分别在主音和弦、属音和弦和下属音和弦，这古典风格的三大支柱上创作出三个长且丰沛的和弦，然后让最后一个飘散气化，成为永恒的音乐，既不新也不旧，这似乎是贝多芬在向年轻的自己，以及莫扎特与海顿的灵魂致敬，向他们鞠躬敬礼。不管是年老眼瞎的巴赫，还是已经八十多岁的威尔第，没有哪位作曲家可以跟贝多芬那样，可以轻松完全地超越他们年轻时的音乐。贝多芬的创作生涯又延续了两年半时间。尽管在最后的日子里，病痛长期折磨着他的身体，导致他长期虚弱，但他还是写完了《降E大调弦乐四重奏（Op.127）》，完成了加利钦的委托，另外，他还创作出《降B大调（Op.130）》和《A小调（Op.132）》这两首作品。喷涌而出的灵感让他控制不住，便接连创作出他人生中最后的两部作品——《升C小调（Op.131）》和《F大调（Op.135）》。再加上《大赋格（Op.133）》，这五部作品都被公认为代表西方器乐的顶峰。可在贝多芬看来，第131号作品才是他人生中最完美的作品。

1824年秋，卡尔十八岁，变成了一个年轻人，不仅能说会道，还特别招人喜欢，但贝多芬那毁灭性的控制欲成了他当时最主要的问题。当时的卡尔已经是维也纳大学的一名文学学生，与伯父共同生活，渴望参军。十八岁的男性大多比较活跃，在卡尔看来，偶尔晚上不回家没什么大不了的，而且这是他自己的事情。但这让贝多芬十分担忧，甚至担忧到快要发疯。他甚至想象卡尔正在跟他们的管家偷情，还派人前去监视这个年轻人，他认为，“一个成长中的年轻人不禁让我产生焦虑，我无法想象，恶龙的毒气到底会让他产生什么样影响？”卡尔最好的朋友也遭受到了贝多芬深深的恶意。伯父与侄子之间（用贝多芬的话来说，是“父亲和儿子”之间）经常会发生大声争吵，为此，他们还被约翰纳斯大街的房东给赶走了。

毫无悬念，卡尔当兵的愿望遭到贝多芬的反对，贝多芬不想让卡尔离开他的身边，哪怕是可能派驻到外地都不行。1825 年春，卡尔注册了维也纳科技大学的商业课程，选择了暂时妥协。贝多芬也再次搬到巴登居住，严重的结肠炎和肺部疾病不断折磨着他——“我吐了很多血……有时鼻子中都流出血来”，于此同时，他还十分烦躁不安——侄子卡尔还在城中。抱怨、各种购物需求、命令周末回来看望他、爱的表示、请求同情——“我不断在变瘦……我现在是哪里受伤或被撕碎了”，这些都被他用书信的方式表达给卡尔，卡尔的学业也因这三十五封来信而不断地被打断。在预定的日程里，小伙子没能按时去看他，这让贝多芬感到十分痛苦和绝望：他写下了一封信，署名为“不幸，我还是你父亲，或许我不是你父亲会更好”。他开始威胁并痛斥小伙子，说要中断他的学费，说自己的收入全被他给榨干了。在他的脑海里，很多人变成了假想敌，这次不仅有约翰（现在与贝多芬又疏远了）和约翰娜，还有约翰的妻子和他的继女——“他那大腹便便的娼妓和私生子……永远比不上我，都是我下面的东西”。

很显然，贝多芬又深陷到另一场妄想症中。突然，他的肠道炎好了，而且就在他写这最后文字时康复的，这让他很高兴，并完成了《A 小调四重奏（Op.132）》的慢乐章，在标注的上标中，他写道“在康复中，一位病人写给上帝的感谢赞美诗”。白键调性，古希腊的利底亚调式，一种超越尘世的宁静从这首曲子中散发出来。那个秋天，贝多芬搬到有五间套房的维也纳舒瓦茨施潘尼寓所（这里曾居住过西班牙本笃会修士，因此又被叫作“黑衣西班牙人寓所”），这也成为他后来最后一处住所。现在他的肤色已经永远变成了蜡黄色，头发也变成了灰白，他那自称“西班牙小子”的日子，早已离他远去。在那个夏天，卡尔充分享受到独立生活产生的乐趣，对于接下来的合住，他感到百无聊赖。卡尔的精神在接下来的秋冬季逐渐开始崩溃，贝多芬的监管实在过于严厉，巨大的压力压得他喘不过来气。1826 年仲夏，卡尔拼命学习，希望科技大学可以将他录取，与此同时，他开始远离家，这不是为了去寻欢作乐，而是为了远离和躲避贝多芬爱与责任的轮番教育。一些债务，他伯父肯定不会去偿还，这让他感到痛苦，再加上对自己考试的担忧，让他时不时流露出想要自杀的迹象，他甚至还购买了两把手枪。8 月 6 日，星期六，他带着两把手枪爬上巴登城外高地上的劳恩斯泰因废墟，对着自己的脑袋，开枪了。

幸运的是，一颗子弹打偏了，另外一颗打中的子弹也没伤到脑袋。当时的他流着血，是一个牲口贩子发现了他并把他从悬崖上背下来的。在他的意识恢复后，他请求送他回母亲的家中。贝多芬悲痛不已，并在维也纳找到了他。在拿过来的对话簿里，卡尔潦草地写道：“现在请你不要再用抱怨和责骂来折磨我了，这一切全都过去了。”

成为过去的不是别的，正是贝多芬拥有并控制卡尔的能力。在维也纳综合医院，卡尔接受了手术，成功移除了子弹，身体并恢复了健康，接着，他谈了自己要参军的愿望和决心。一位治安官要求他将自己自杀的原因讲述出来，他十分简明地说：“我的伯父让我十分痛苦，甚至痛苦到让我想死。”

自从这件事之后，贝多芬一下子衰老了好多，看起来像是七十岁的老人，对于自己的失败，他表示承认。他在给申德勒的继承者、年轻的小提琴手卡尔·霍尔茨的信中这样写道：

我所有的希望全都破灭了，我所希望地，仅仅是身边有位与我优秀品格相像的人，哪怕是仅有一点相像也行呀！

在这个故事里，约翰·凡·贝多芬的身影值得我们一提。他身形消瘦，斜视眼睛，一张大嘴显得十分狰狞，就如同是高地荷兰人版本的伊卡博德·克莱恩[1]，他那暴发户风格的衣着和染黑的头发时常遭受到优雅的维也纳人们的嘲笑。多年来，他多次邀请他哥哥住到他格勒圣多夫的庄园，并保证绝对不会受到“肥肉团”和“私生子”的打扰，哪怕是在与哥哥吵架时也在邀请他。

同年的9月25日卡尔出院后，约翰再次发出了邀请，邀请他们伯侄二人前来克雷姆斯河边的葡萄酒庄园度假，这对他们两人都有好处。此时的贝多芬正需要一段时间的静养，他得了黄疸，有一些水肿的迹象，还要去完成他最后一首四重奏《F大调四重奏（Op.135）》，于是，他便安排别人去帮忙处理家事。给卡尔进行面试的是陆军元帅约瑟夫·冯·施图特海姆，也正是卡尔希望能进入军团的司令官，但在入伍面试前，他需要自己的头上多长出一些头发，把伤疤给遮挡住。于是，他们伯侄二人于9月28日动身前往多瑙河谷地度假。

第二天，他们就到了，约翰房子周围的乡村景象非常美丽宁静，这让贝多芬感到十分愉悦，不由自主地回想起以前的记忆，并哼唱起“莱茵的乡间……那时的我还十分年轻”。约翰的房子位于格勒圣多夫村，是座带围墙的大庄园，足足有半英里之广。贝多芬的房间位于高处，不仅宽敞，视野还开阔，可以看得很远。看起来，贝

1　伊卡博德·克莱恩，华盛顿·欧文的小说《睡谷的传说》中的乡村教师。

多芬十分满意这里，很快安顿了下来，并立即执行起他在乡村的生活日程表：早晨5点半起床，然后喝些咖啡，紧接着趴到书桌面前努力工作几个小时。在他写曲子时，他会用脚后跟打拍子，唱起来。同家人共进早餐后，他就带着他的笔记本，朝田野乡间飞奔而去，一边走，还一边喊，双臂胡乱地挥舞比划。他衣着破烂，脚裸肿胀，这里的乡民不知道他是什么人，觉得他是个疯了，也没有人去管他。

不在室外时，贝多芬就在房间里继续处理《F大调四重奏》的清稿。10月中旬，他用一个神秘的双重暗号为基础创作出它的终曲，并彻底完成了这部作品。其中三个慢音符被标上“必须如此吗”的注释，还有三个快音符被标上“必须如此”的注释，这些构成了它终曲的基调，也成为了后来被舒曼称作“斯芬克斯之谜”的两句格言，甚至围绕着它们，学者们得出几乎跟“不朽的爱人”一样多的猜测。一些人觉着这是贝多芬在面临即将到来的死亡时所表现出来的英雄主义意志；还有一些人觉得它们所代表的是宇宙阴阳二元论。更有甚者，说它可能是贝多芬自己的幽默感而故意制造出来的神秘，可贝多芬从来没有自己解释过，我们也无从探究根本。但我们知道，在一些白昼将尽的时候，他偶尔可以听见一些尖锐的噪音。这让我们不由有所设想，这个“必须如此”的句子，必须要在整个乐章中不断重复喧闹的四度下才可以操作，那它会不会表现的仅仅是格勒圣多夫公鸡的啼叫呢？实际上，他最后的创作并不是所谓的最后一部作品。他还需要在冬天回维也纳之前完成一部音乐作品。他要替换掉《降 B 大调四重奏（Op.130）》的终曲《大赋格》，要重新写一部新的曲目。马蒂亚斯·阿塔利亚说赋格过于庞大和艰难，应该单独进行出版，并愿额外支付一笔钱。替换的乐章于 11 月 22 日写好并邮寄了出去。

哥哥住在自己庄园里，约翰十分高兴也很欢迎，因为回想起儿时两个人共同的生活环境，那时的环境比较差，这些回忆让二人产生了心理上的联系，但他逐渐注意到，似乎哥哥不着急走。到了快 12 月时，人们明白了一件事——贝多芬为了把卡尔紧抓在自己手里，他是在故意拖延时间。过不了多久，天气就会变得更加寒冷，他就会因病而无法坐车旅行。这让约翰只能给哥哥写上一张便条，开头署名为“亲爱的哥哥”，督促他尽快带着“这个天资聪慧的年轻人”返回城中，带他去进行入伍面试，“尽快让他去追求自己的职业志向吧，这是你的职责，不然你以后会受到自己和其他人的责怪”。12 月 1 日，贝多芬和卡尔顶着早上刺骨的寒风，愤愤地踏上返城的道路。他们被迫挤上一辆敞篷车，约翰没有说让他们乘坐他封闭式的马车。他们先向南穿过寒风呼啸的平原，然后踏上驿道，再向东走往维也纳。车子行走得十分缓慢，这让他们只能在农家旅馆过夜。那是一家没有供暖，也没有防寒遮窗的旅馆。大概到了午夜，贝多芬因为剧烈的咳嗽醒了过来，还发起高烧，身体的两侧如同刀割般剧烈疼痛。按照以前自己血液过热时的做法，他喝了几杯冷水。接着，他更加难受了，彻夜无眠。第二天，人们把他抬进马车，他得了严重的肺炎，十分危急。可接下来这天，还有颠簸漫长的旅途要走。

贝多芬打包行李时只带了夏天的衣物，疏忽了厚衣服，这让他无法避寒。但他始终没有忘记拿“一份还没完成的弦乐五重奏的手稿”，这是他在格勒圣多夫寄出《弦乐四重奏（Op.130）》的乐稿后立即创作的作品。或许，约翰是真的误解了他不愿离开的理由。多年以后，安东尼奥·迪阿贝利拼尽全力，拼凑出这个时期手稿的片段，将其命名为《贝多芬最后的音乐思想》，并出版。

第九章　伟人离世

1826年12月2日，星期六，一到“黑衣西班牙人寓所”，贝多芬开始一直在床上躺着。卡尔和卡尔·霍尔茨一边忙着照顾他，一边为他寻找好的医生进行救治。12月5日，伊格纳茨·瓦鲁赫医生受聘而来，他不仅是一位医学教授，还是一位执照医师。在贝多芬的对话簿上，他写道：“我十分崇拜您，一定会不遗余力地救治您，让您早日康复。”

他发现贝多芬除了肺炎外，还饱受胸膜炎和咳血的折磨。但仅仅过了一周，贝多芬就又能在房间中走动并写信了，瓦鲁赫医生的承诺实现了。但贝多芬的身体并没有完全恢复，还不能写音乐，只能习惯性地胡写上几首卡农或歌曲的片段，添加到给朋友的信中。与此同时，卡尔成为了冯·施图特海姆陆军元帅手下兵团中的一员，并受令于12月14日前去报到。

这时，瓦鲁赫医生惊奇发现贝多芬处于“极度焦躁”中，全身出了黄疸。在前一天晚上，这种情况“暴怒发作”，起因是因为某种“巨大的悲伤”。他的情况十分不妙，全身发抖，打着哆嗦，肝脏和肠道带来的剧痛使他的身体蜷缩成一团，原本只是轻微浮肿的脚已经肿得十分可怕了。

在19世纪，水肿病几乎是致命的病，而它的症状就是——浮肿，这又让贝多芬返回到床上躺着了。在对话簿中，卡尔写下留言，“在这里，我还能再多呆五六天。”这让贝多芬多少感觉到点欣慰。而这位年轻人离开的日期又被量尺寸做制服以及其他一些程序上的事情给耽误了，后来又推迟了几天。这时，约翰·凡·贝多芬以训练有素的药剂师身份从格勒圣多夫赶来帮忙。

12月16日，贝多芬五十六岁了。

20日，贝多芬的水肿已经严重恶化，他甚至感觉到自己将要窒息。这让瓦鲁赫医生只能对他实施腹部穿刺，以此排出积水，当时在场的不仅有卡尔、约翰，还有安东·申德勒，安东·申德勒可能是带着阴险用心特意归来的。贝多芬体内喷涌而出的积水，大概有二十五磅，但他依旧勉强地说笑道：“教授，您让我回想起往日的一幕，那个摩西竟然用他的手杖去敲石头。”但他很快就又陷入到绝望中，残留的积水不断地向外冒出，共计高达一百二十五磅。来自伦敦的崇拜者约翰·施通普夫给他送来了一份礼物——四十卷版本的亨德尔作品集，这让他开心不已。但贝多芬想要阅读，只能把他们支在墙上，因为它们实在太大了。随着阅读的深入，他的赞叹声也不断增加，有人曾听他说道：“有史以来最伟大、最出色的作曲家非亨德尔莫属。我要向他学习。”

是格哈德·冯·布罗伊宁听到贝多芬这样说的，他是斯特凡·冯·布罗伊宁的儿子，在贝多芬最后的日子里，他经常去探望他。斯特凡是贝多芬的老朋友了，他在十三岁时就与贝多芬认识了。这让贝多芬的思绪不由飘动，这些往昔岁月中的幽灵，再加上阅读弗朗茨·韦格勒和埃莱奥诺雷·韦格勒这两位老友充满关爱的来信——“您难道不想再去看看莱茵河吗？”他的思绪不断飘向波恩。他回想起有一次费朗茨为了“给我一个愉快的惊喜”，还特意刷白了他的房间。似乎在他看来，埃莱奥诺雷的侧面画像象征着他“年轻岁月中一切美好且可爱的事物”，因此他一直在妥善保管。

在整个假期里，卡尔都对贝多芬十分好，他清楚地知道，他们可能再也见不到面了。实在没办法再推迟报到了，卡尔最终于 1827 年 1 月 2 日前往他所属军团驻扎地伊赫拉瓦，离开了维也纳。就在他离开的第二天早上，贝多芬用颤抖的手紧握笔，在纸上写下了遗嘱：

卡尔·凡·贝多芬，我挚爱的侄儿，他是我所拥有财产的唯一指定继承人，在我死之前，我特意在此进行宣布。

他最终还是在弥留之际放弃了卡尔是他儿子的念头。但在伊赫拉瓦寄来的第一封信中，卡尔还是明确称他为“我亲爱的父亲”。

陆军元帅冯·施图特海姆十分关照卡尔，这也让他得到了《升C小调四重奏（Op.131）》的题献，很快成为历史上最受人尊敬的将军之一。

贝多芬又坚持了近三个月的时间，于2月27日做了最后一次腹部穿刺，期间共做了三次。他依旧爱吵架，这让瓦鲁赫医生只能让位给乔瓦尼·马尔法蒂医生，贝多芬曾经想娶的特蕾泽正是这位马尔法蒂医生的女儿。贝多芬是一位加烈葡萄酒爱好者这件事，马尔法蒂注意到了或一直都知道，但他还是开了一个疗程的果汁潘趣酒和其他加酒精的热敷药剂给贝多芬，这让贝多芬觉得很快乐，但也给他带来毁灭性的后果。

对于马尔法蒂医生所开的处方，贝多芬开始滥用，多次喝醉，以致产生了腹泻。医生建议他进行原始蒸汽浴，他躺在浸了水的烫干草种子和卷心菜叶堆里，然而这些根本没有用，只能让他更加干渴。但他还是请求美因茨的朔特兄弟给他寄几瓶酒来，“莱茵葡萄酒或摩泽尔葡萄酒”，他对波恩念念不忘。

有一次，有人送给他一幅画，是一座房子的平板画，“约瑟夫·海登的出生地”这几个字在上面用大写字母拼写，但拼写出错了，这让贝多芬闻名于世的火爆脾气再次爆发，甚至脸都气红了。“这到底是谁写的？竟然把海顿这样大师的名字都给写错了。”钱一直是他所担心的最大问题，他再次变得抑郁，写信给伦敦交响乐协会，心酸地诉说自己的贫穷。接到信的协会迅速进行投票，筹得了一百英镑（即一千弗罗林），并邮寄给他。3月15日，贝多芬收到了钱，倍感欢喜，导致腹腔穿刺破裂了。他引用许多拉丁语戏剧中的口号：“鼓掌吧，朋友们，喜剧结束了”。

很快，贝多芬快死的消息在维也纳传开了，他的朋友蜂拥而来：莫里茨·利赫诺夫斯基伯爵、伊格纳茨·舒潘齐格（他从俄国又回来了，在贝多芬晚期的弦乐四重奏中，他经常担任小提琴首席）、迪阿贝利、冯·格莱兴施泰因和施特赖歇尔，甚至连他以前的一位房东也来了，贝多芬以前所做的一切都得到了他们的原谅，他们还给贝多芬带来了礼物和糕点。去往“黑衣西班牙寓所”的路上有许多其他前来“朝圣”的人。其中有一位年轻人一直徘徊在贝多芬的住所附近，不敢上前直接找他，十分害羞，他就是虔诚的弗朗茨·舒伯特。

3月23日，在斯特凡·冯·布罗伊宁的建议下，贝多芬在遗嘱上添加了一行附注。这条附注明确保证卡尔和卡尔的后代一直可以享用贝多芬的遗产。在上面，他签下他的名字“路德维希·凡·贝多芬”，然后把笔丢下，说：“好了，我从现在开始再也不会去写任何东西了。”第二天，他的面前就出现了一箱1806年的吕德斯海姆山葡萄酒，它是刚刚从美因茨送来的。但他低语道：“真是太可惜了，它来得太晚了。”他已经进行了临终祈祷。到了傍晚，他开始陷入昏迷，在床上躺了两天两夜，他的喉咙里传出死亡前的呼噜声。3月26日下午时，维也纳天气突变，暴风雨聚集在上空，天气阴沉了下来，似乎要下雪。申德勒和斯特凡·冯·布罗伊宁前往魏林公墓，替贝多芬挑选墓地，留下安塞尔姆·许特尔布伦纳照料贝多芬。安塞尔姆·许特尔布伦纳是一名作曲家，同时也是舒伯特的朋友。当时还有一个不知名的女子在房屋里，可能是贝多芬的管家。

贝多芬第一次登台演出也正是这个时间——下午五点，同样是在3月的这一天。这时，窗外掠过闪电的光，一阵轰鸣的雷声紧接而至。这让许特尔布伦纳受到了惊吓，但他发誓见到贝多芬举起了右手，还攥紧拳头了几秒钟。他眼睛圆瞪，接着，手臂直直垂了下来，永远地离开了。

这阵雷暴过后，紧接着晚上就下起了大雪。安东妮·布伦塔诺的一位在法兰克福的朋友写信给他说：“这恶劣的天气似乎是在对这位伟人的离世提出抗议。”

3月29日，贝多芬灵柩后面跟着一队送葬队，他们一望无际，从“黑衣西班牙人寓所”的院子一直蔓延到魏林格腰带街，又延伸到公墓里面。格哈德·冯·布罗伊宁是这样记载的：“维也纳人几乎全都来了。”但对于参加送葬的人数一直没有一个准确数字，各种说法人数从一万到三万不等。当时在灵柩前面引路的是一支管铜乐队和合唱队，由八位乐长抬棺，二十名火炬手头戴大礼帽，其中就有舒伯特。在第二年结束前，舒伯特也会在他的英雄长眠的地方安葬，且与其只隔一个墓碑，他死后就如同他生前一样，“贝多芬”这个巨大的名字一直笼罩着他。

贝多芬死后进行了尸体解剖，最终证实他死于巨结节型肝炎后肝硬化。尽管他跟他祖父和父亲一样，都是位贪杯之人，但这种肝硬化不同于因酗酒而患上的肝硬化。同时，解剖还发现他的听觉神经“萎缩且没髓质”，旁边的内听动脉“扩张得如同软骨，比乌鸦的羽毛还要大”。通过这些血管方面的信息，再加上贝多芬一发脾气就脸红的现象，这都表明可能是动脉血管疾病导致了他的耳聋，他的病情又因长期腹泻而加重。根据医学历史学家爱德华·拉金博士的研究，如果贝多芬真的在 1796 年夏天感染了斑疹伤寒症，并且很快就感觉到听觉受损，那他很可能得了“一种免疫性疾病，被称作是系统性红斑狼疮，病情通常是成人高烧发热，精神错乱。慢慢地，它会发展成慢性病，并且中间有间隔期，情绪不稳定也会出现在某些阶段”。贝多芬那看起来凶狠粗糙的脸，他患有结肠炎，风湿性关节炎，动脉和肝脏疾病，这些都与这个推测性的诊断相吻合。许多贝多芬珍贵的物品都被申德勒给偷走了，即使这样，剩下无人认领的资产还是被拍卖，变卖成了一万弗罗林。对此，皇家交响乐协会十分愤怒。申德勒不仅偷走了一百三十八本对话簿、数不清的手稿和备忘录，还把写给“不朽的爱人”的信给偷走了。多年后，申德勒为了“显示”自己与贝多芬这位伟人的亲近，特意加了许多想象出来的对话在对话簿中，并删除了一些对他不利的内容。他参与写作的关于贝多芬生平那本影响力巨大的书于 1840 年出版后，这些宝藏被申德勒卖给了普鲁士国王，并靠这些收入度过余生，最终在 1864 年离世。直到 20 世纪 70 年代，他的造假行为才被暴露了出来。在拍卖进行的同时，《海利根施塔特遗嘱》被申德勒发表在《大众音乐报》上面，它是申德勒唯一尊重的文件。它可比任何自传都要真实有力，这个遗嘱真实地展现了贝多芬对于残疾最深刻的痛苦。它现存于汉保大学图书馆。

贝多芬过世仅五周，斯特凡·冯·布罗伊宁也去世了。他把从贝多芬拍卖会上得来的两幅迷你肖像留给了儿子格哈德。这两幅都是画在象牙上的女士肖像，现存于波恩的贝多芬故居博物馆。早些时候，其中一幅的主人公就被认定出来，她就是《月光奏鸣曲》的献给人——朱列塔·圭恰迪。而另一幅则过了一个多世纪才被认为是埃尔德迪伯爵夫人。根据最近研究表明，那“不朽的爱人”正是画幅上大杏眼、柔和的轮廓和修长脖子的主人。1869 年，贝多芬死后四十二年，八十八岁高龄的安东妮·布伦塔诺去世了。她的两个孩子精神都失常了，再加上其他家庭问题，这让她的晚年充满了悲伤。幸好她有宗教信仰支撑着，还有那座艺术氛围遍布的大庄园，歌德常常前来拜访，这让它变成了法兰克福的社交中心。

卡尔在军队待了五年时间，最终成为一名优秀的军官，十分受人欢迎。他于 1832 年结婚，在 1848 年又继承了约翰·凡·贝多芬的部分财产，四万两千弗罗林。这再加上之前他获得的遗产，他可以很早就退休，以一位维也纳普通公民的身份享受着富足的生活，度过余生。在他五十二岁时，肝脏疾病带走了他的生命。

卡尔一生中共有五个孩子，但只有一个儿子，他出生于 1839 年，在受洗时，被取名为“路德维希”。而这个小路德维希却极不争气，他竭尽所能，拼命利用自己的血统，贩卖了许多假的备忘录，后来以偷鸡摸狗为生，十分堕落，甚至还为此进过牢狱。小路德维希有六个孩子，但长到成年的仅有一位名叫卡尔·尤利乌斯·马里亚的男孩，他在第一次世界大战中阵亡，从未结婚，成为世上最后一个姓贝多芬的人。

在 1863 年之前，卡尔·尤利乌斯的高伯祖父与舒伯特都一直在魏林公墓长眠，直到那一年，他们都被移葬到维也纳中央公墓。但他们原先的墓碑都被保存了下来，现在那个地方被称作是“舒伯特公园”。我们不免可以从维也纳到处铺的水泥路和沥青路中做出推测，过不了多久，这个地方让人联想起来的不是绿树和青草，而是汽车。

果不其然，相当数量的传记、学术会议和唱片在贝多芬两百年诞辰之时，即 1970 年涌现了出来，其中就有一个设计成旅行箱样子的“全集”式音频套装，售价高达一千美金。六年前，莎士比亚诞辰四百周年纪念活动的举办对莎士比亚的影响力并不大，同样的，贝多芬诞辰的举办也是这样，没有对贝多芬的声名产生多大影响。或许消耗掉发起人的精力和预算是贝多芬两百周年纪念活动唯一持久的影响。在他们看来，波恩、维也纳、巴登和默德林的贝多芬“景点”更适合去面向游客、以逛商店的心情去看，不然太容易令人疲倦。而引用申德勒杜撰的轶闻，导游的解说总是能引起人们的质疑，他也只能无奈地耸耸肩。真实的历史痕迹仅存于一两处安静的孤岛上。如今，前往海利根施塔特只需搭上有轨电车（很久以前，它就并入到维也纳大都市内了），从教堂走向窄小的街道，就可以走到贝多芬写遗言的房间里，这段旅程依旧让人感动。贝多芬协会就位于这个院子对面，里面保存有一些备忘录，但很少开放。

唯独位于克雷姆斯河边高地上的一处地方看起来似乎丝毫没有变化。位于格勒圣多夫村外的这所高墙围绕的大房子是约翰的旧居，一路从主路上走下来，再漫步于那条弥漫粪肥味道的小道，仿佛可以一步步从 21 世纪的喧嚣中倒回 19 世纪 30 年代。奶牛在焦急地等着挤奶人，发出哞哞的叫声，不时还传来几声公鸡的啼叫。空气中含有蜂蜜和肥料的味道。贝多芬写下他“最后的音乐思想”房间的窗户就位于那些果树的后面。更远处那片田野，他在晚年曾跋涉过，当时的他丝毫不在乎别人好奇的眼神，在田野上不断挥手喊叫。

1978 年 2 月，C 小调式的天气和阳光让新英格兰都瘫痪了，贝多芬《第五交响曲》C 大调的嘹亮乐声带来了重生的活力。至于结尾，同样可以用新英格兰 2004 年夏末发生的另一幕场景来结尾：一次贝多芬四重奏巡演收尾音乐会将在康涅狄格州福尔斯村的音乐山音乐厅举行。

那是一个周日下午，天气十分炎热，两百五十位观众都身着短袖上衣，脚穿凉鞋，不停地扇风降温，在他们面前演奏的是上海弦乐四重奏组。开篇音乐是《大赋格》，演奏者一开始就忘情地演奏，那座棚屋式音乐厅（由雪松木建造出来的一间盒式建筑）就如同是一把巨型小提琴，发出共振，就这样音乐声传到室外草坪人们的耳边。十五分钟后，观众热烈的喝彩声被一位音乐节官员给打断了，他说附近有所房子着火了，但看起来火势还在可控范围内，同时村里来的消防车也正在路上，“一有消息，我们会立即通知大家的。那朋友们，现在请享受幕间休息吧！”

柠檬水和饼干继续在销售。男人、女人和孩子懒散地在漫步，时不时看看两百码外升起的烟柱。甚至有一位四重奏组成员还把数码相机给拿了出来。这时有人说了俏皮话：“看，这全是你们的错，演奏《大赋格》还溅出了火化。”然而消防员直到音乐会演奏到贝多芬最后的四重奏时都还没有来，这部作品即135号作品，一百七十八年前，它完成于格勒圣多夫。直到在慢乐章期间，演奏也没有被再次打断。四组消防梯到达的消息在“必须如此”的格言在终曲结束后被重复了八次后才传了过来，说对面那座着火的房子正被消防员尝试拯救。

消防员在上山的时候没有鸣警笛，因为他们知道，伟大的音乐正在音乐厅中上演着。他们不愿打扰这一氛围，只是安静地使用消防水管，安静地处理着一切。

专业术语汇编

就像“奏鸣曲”和“协奏曲”，不同时代，许多音乐术语有不同的意思。音乐设计就如同是风俗画和分节诗歌，哪怕是在古典主义时期，它们也很灵活。对于这些对曲式的描述，不应去机械地理解。下面的定义可能与现在的解释有所不同，它们指的是贝多芬所处时代（1770—1827年），这些音乐术语被普遍接受的含义。

倚音（appoggiatura）：一个不协和音，通常向下降一度，向协和音解决。

咏叹调（aria）：一段声乐独唱，独立，通常将开头的素材重复，不仅有旋律，还结构严谨。在歌剧咏叹调中，通常是以直线型的方式进行。

终止式（cadence）：结束句或和声序列，通常指的是一段旋律、一个乐章或是其他任何独立乐段的结束。终止式出现在主调上，则会传达出一种解决的感觉。尽管终止式本身就有一种完满感，但它出现在其他调上，则是不完全结束性的（就如同是散文中的段落结束）。

华彩（cadenza）：“cadenza”，意大利语，对应英文为“cadence”，通常指的是一大段华丽的独唱（即兴部分在内），或指的是接近结尾时协奏曲乐章的器乐独奏展示。在古典协奏曲中，管弦乐队演奏出一个悬而未完的六四和弦，引出终止式，紧接着，乐队就静止了，直到独奏发出似悬在悬崖边的颤音，他们才再次发声。

卡农（canon）：一种对位法形式，十分严格。以平稳的顺序，不同音域的声部轮换登场，并准确地模仿对方。相互重叠的和声会在每个声部进入的时机和它们之间的间隔音程中产生。

康塔塔（cantata）：一种声乐曲，具有一定长度和复杂结构，其中通常包含管弦乐伴奏、合唱队和独唱歌手。

抒情曲（cantilena）：一段迸发出来的演唱，很长且特别具有旋律感，通常开头和结尾都十分明显。

抒情短曲（cavatina）：一种咏叹调风格的歌曲，曲式上分节，拍子相对缓慢。

羽管键琴（cembalo）：拨弦古钢琴，在巴洛克音乐时期或古典时期的管弦乐队中，它通常被用来合拍子或偶尔填充和声，发出叮叮声。到了贝多芬年轻时的“风格交叉时期”，拨弦古钢琴才被钢琴逐渐取代了。因此在当时，这个词可能指的是两种乐器中的任意一种（参见键盘琴）。

恰空（chaconne）：也译作“夏空”，是一种来自于巴洛克时期的音乐题材，其风格庄重肃穆。通常是在一个多次出现的固定低音或一个和声进行模式之上，以变奏手法写成。

古典音乐时期（classical）：大约从1720—1815年，指的是西方音乐史上巴洛克音乐之后、浪漫主义音乐之前的这段时期。主题简约，转调的重要性，整体结构的对称，这些都是它成熟时期（“盛期”）的特征，并且由奏鸣曲和回旋曲这类组织表达。

键盘琴（clavier、clavecin）：来自于德语中的“klavier”，如今仅指“钢琴”，但在贝多芬年轻时，任何一种有弦的键盘乐器都可能指的是它。

尾声（coda）：意大利语，表示结尾的一段乐章，产自作品主题，意为“尾巴”，并强调主调。在古典音乐时期，它被要求结构短。但到了贝多芬这里，很多次都可以说得上是“摇动的狗的尾巴”的结尾。

花腔（coloratura）：一种对人声的华丽的、装饰风格上的形容，旨在将其精湛的技巧充分展示出来。

协奏曲（concerto）：通常指一位乐器演奏者对阵管弦乐队的大型作品，就如同演说家与群众进行历史性对话，采用得是奏鸣曲曲式。

誊写员（copyist）：一种文员，在音乐书写艺术方面接受过训练。通常作曲家会高薪聘请他们，让他们润色手稿，润色成一份“清样”或写出每个独立的声部。

对位法（counterpoint）：多个声部中的若干旋律，既独立行进，又相互联系。可以将地毯上的线性排列看成它们各声部的和谐行进，比起垂直的纬编，水平的经编更显眼些。

属音（dominant）：接近主导的音，如同是脱离地心引力的直升机，强又短。它位于上行音阶的第五个音级，被配成大三和弦时，需要将其解决并变成主调或调性音。这种需求在它被混入七度音程时变得更加迫切。

插部（episode）：赋格中的附属段落，通常用来分割陈述主题，音乐织体轻。插部本身就具有主题性，在古典乐中更是得到几乎平等的地位（参见回旋曲）。

强（forte）、极强（fortissimo）：响亮或非常响亮；反义词：弱（piano）、极弱（pianissimo）。

赋格（fugue）：对位法中的一种形式，十分严格（没有卡农严格），为了形成一种庄严的追逐的效果（在拉丁语中，“fuga”意思为“逃逸”），许多声部一个个紧跟着。刚开始时，一个独立声部的出现，标志着主题的出现。作为回答，在另一个音高上，另一个声部重复它，这时，第一个声部继续进行“对题”。同样的，第三个声部的加入也是如此响应（基本上，只有五个声部允许加入到赋格曲中）。在主题和对题间，各声部不断往复，还加上了一些附属的、连接性质的素材。“倒影”（把音符倒过来）、“增值”或“减值”（音符时值变化）、罕见的“逆行弹奏”（逆向演奏音符），任何声部都可以通过这些方式变奏主题。这种对位法式的辩论十分紧凑，幸好插部织体相对松散些，得到一定地缓和。一般情况下，高潮（“紧接段”效果）会在一首赋格曲的倒数第二个乐段出现，而且是由几个声部紧凑而成，最终在终止式中得到解决。

泛音（harmonics）：高音的声学泛音，全部都是基音频率的整倍数。

和声（harmony）：通常指不同音高声音的协和，一个旋律会在行进中进行变化，但不是总与它保持同步。和声碰撞在一起，会短暂地形成不协和和弦（就像贝多芬《第九交响曲》第四乐章的开篇），造成非常有感染力的效果。

即兴创作（improvisation）：即席创作音乐的艺术，形式分为自由幻想曲和根据主题创作的变奏曲，主题不一定全由演奏者面对的听众来提议。

乐长（Kapellmeister）：皇家、贵族或地方政府的“Kapell”（字面意思为“唱诗班”）指的是在提供音乐服务机构中任职的音乐名家。

调，调性（key）：一种包含协调的音的系统，它可以将音阶上任何音级的旋律与和声的潜能“释放”出来。尽管只有十二种音高不同的系统，但在特定的情绪和音色时，音乐家们总是能把它们联系到一块。

连奏（legato）：音符一个个流畅地在彼此间消融，断奏的反义词。

大调（major）、小调（minor）：两种文艺复兴后主要的旋律调式。钢琴上从 C 到 B 这七个白键音符指的是大调音阶，与小调相比，它们更加流畅、更容易协调，第三音和第六音都因小调而降了半度。降了半度的第八音（在 C 调音阶上是降了 A 调）差了一个半全音才到第七音，而第七音想向上则朝着另一个 C 解决。这是这一间隔，再加上两个降音在音阶上升时造成的轻微拖延，给予了小调旋律一种升降轮廓，赋予小调和声一种尖锐感，使作曲家能够充分挖掘其中的情感效果。

动机（motive、motif）：音乐片段，有时很短，仅有两个音符，具有装饰和结构方面的重要性，或具有其中一项。

作品号（opus number）：从作曲家出版作品的先后顺序中排列出来的编号索引。当然，就像“第 10 号作品，第 3 部分”（Op.10，

No.3）这样，以组曲出版的作品还能进一步编号。注意：作品实际创作时间的先后无法用作品号准确地表示出来。

固定音型（ostinato）：“ostinato”，意大利语词，表示“固执”。这种音型为了达到一种积蓄的效果，不断进行重复。

声部（part）：一段由室内乐或管弦乐队成员演奏的音乐，音乐通常写在同一五线谱上。只有誊写员才可以如同在地毯上一根根拆线那样，从作曲家的总谱上拆分出这些声部。

绝对音感（perfect pitch）：在听觉方面，有些音乐家天分突出，无法容忍听到别人演奏走调的音乐。

复调音乐（polyphony）：同时听到与“主调”和弦相对应的彼此独立的旋律乐段（参见对位法）。

宣叙调（recitative）：最接近自然言语的音乐，在最简单的伴奏下，以自然的节奏、言语唱出来或半唱出来。

关系大调（relative major）：以最自然的方式，一个小调滑到所对应的大调，它们之间共有的因音符实在太多了。

声乐教师（répé titeur）：（芭蕾剧团或歌剧剧团的）排练钢琴师。

解决（resolution、resolve）：在所有艺术形式中（暂不包括科学与哲学），复杂性都需解决成某种一致性。在古典音乐中，这一特性表现得尤其突出。哪怕一段典型的旋律在它所在的大结构上通过上升或下降走向完结或解决，但它还会有延留音。想要解决成其他和弦的和弦（除了主和弦），或者说是，它们内在的张力至少顺着一条和声链接转移，从而达成协和（见终止式）。

休止符（rest）：音乐中标记静止的符号。经常与延长符混淆，演奏者会区分出这两者。

回旋曲（rondo）：一种曲式结构，通常围绕一个主题建立而成，它总是在穿插进插部后不断“回来”。

谐谑曲（scherzo）：“scherzo”，意大利语，意思是“笑话”和“随想”。这个词语被海顿用来表示他的一些快节奏、活泼的三拍子小步舞曲。到了贝多芬这里，小步舞曲被他赋予了更多活力，加速它的三拍子节奏成为一个大拍的节奏，也就是说，大的节奏组中包含着以不可阻挡力量搏动着的小拍子。

总谱（score）：给歌手或演奏者看的乐曲的手稿或印刷品，人数在三位以上。乐队指挥通常使用的是一份“完整的总谱”，其中不仅包含有在页面上分层排列的所有谱行，还有最低的低音和最高的高音。而演奏者面前只有他们各自需要的声部，或单行五线谱。“缩编谱”，压缩和声成两行五线谱的谱子，便于阅读。

突强（sforzando）：一种很强的重音，在不在拍点上都可以，尽管听起来它们在贝多芬的音乐中断断续续，但它们都是经过严谨的计算才在恰当的时机出现的。

奏鸣曲（sonata）：多乐章的音乐作品，通常作曲给一件乐器或两件乐器。它还可以扩展为三重奏、四重奏、七重奏等。如果带独奏乐器的话，那它会在全管弦乐队中被称作交响曲或协奏曲。

奏鸣曲式（sonata form）：正常情况下，这种曲式被用于一部奏鸣曲或交响曲的第一乐章（其他乐章使用它的情况也有，但很少有所有的乐章全使用它）。奏鸣曲可以将惊人的多样性容纳，但从根本上来讲，它的结构就像是一座拱门。一个呈示部，包含有对比鲜明的主题（就如同是用“非主题性”的灰泥浆连接而成的建筑用砖那样），为了进行平衡，还有一个与之相平行的再现部。一个更加短小的发展部，正位于这两座高耸的结构之间，就像延伸、组合或分裂，主题素材被它放到多种作用力之下。可呈示部和再现部拥有同一个坚实的调性基础，这让这种作用力只能对整体的架构进行增加（参见调性）。但它们有着根本的区别。从和声的角度来看，呈示部就像位于倾斜坡上。从主调开始，它的主题素材很快就上升（转调）到属调。接着，它之后的发展部就必须把这种转换倒转回去，好让当主调到来时，再现部可以感受到那种回到“地面”的感觉。古典时期的再现部为了保持在地面上，一般会通过避免继续转调，或加入更为“夯实地面”的尾声来解决。

断奏（staccato）：一种音符被短小的无声状态一个个隔开的演奏风格，音乐的速度决定了它们相对短的时长。

谱行（stave）：五条水平方向的横线，这些线上，写得就是音符。如果音符太高或太低，则需要额外“加线”到写的五线谱上。

狂飙突进（Sturm und Drang）：“Sturm und Drang”，德语词，意思是“暴风和压力”，英语对应的是“storm and stress”。

延留音（suspension）：一个想解决到主音上的副音，可以上下行。这种解决不需要强调主音，十分符合逻辑。

主题（theme）：能够被记住形状的乐句，通常因长度不足而被称作旋律，但在乐句开始后可以用作展开。通常有一个或几个动机蕴含在一个主题自身内。

主音（tonic）：音乐作品的基准音调，它十分重要，尤其对于感知它整体的“根基稳固”。这种基础的调性，18 世纪的作曲家和大部分 19 世纪的作曲家都表示接受，就如同牛顿的万有引力定律，科学家全都自觉遵守那样。至于那无调性的音乐，需要等到爱因斯坦到来的时代才会出现。

三和弦（triad）：一个常用和弦，由音阶中最和谐的三个音符（1、3、5）组合而成。在进行上下移调时，它们的和声不会发成改变，但声音会变。管弦乐队奏出的“5–1–3”的三和音会对接下来华彩的乐段进行预告，给予人一种尚未完结的悬念（在协奏曲中）。

颤音（trill）：两个快速波荡的相邻音符，通常具有终止性质。

全奏（tutti）：意大利语，意思是“全部”，指的是管弦乐队全体乐器共同演奏出来的声音。

变奏（variation）：一个主题旋律的装饰音或是和声的重组，但就算在非常复杂的序列中，仍旧能感受到该主题的结构。

贝多芬语录

1. 那些立身扬名出类拔萃的，他们凭借的力量是德行，而这也正是我的力量。

2. 我愿证明，凡是行为善良与高尚的人，定能因之而担当患难。

3. 音乐是比一切智慧、一切哲学更高的启示。

4. 站在一个艺术家的视角来看，我不会关注别人对我的评论以及和我有关的文字。

5. 痛苦能够毁灭人，受苦的人也能把痛苦毁灭。创造需要苦难，苦难是上帝的礼物。一个卓越的人的最大优点是：在不利与艰难的遭遇里百折不挠。

6. 成名的艺术家反为盛名所拘束，所以他们最早的作品往往是最好的。

7. 在患难中支持我的是道德，使我不曾自杀的，除了艺术以外也是道德。

8. 我和伏尔泰一样思考："几只苍蝇的叮咬，怎能阻挡骏马奔驰的步伐。”至于那些愚钝的人，就让他们说去吧。他们的是非争论丝毫不能改变别人的崇高，也不会让被阿波罗指定的人丧失光芒。

9. 智慧、勤劳和天才，高于显贵和富有。

10. 我要扼住命运的咽喉，它妄想使我屈服，这绝对办不到。